SHENGYU GAOXIAO XUEKE ZHUANYE JIEGOU YU
CHANYE JIEGOU SHIQIE FAZHAN YANJIU

省域高校学科专业结构与产业结构适切发展研究

杜燕锋 / 著

中山大学出版社
SUN YAT-SEN UNIVERSITY PRESS

·广州·

版权所有　翻印必究

图书在版编目（CIP）数据

省域高校学科专业结构与产业结构适切发展研究/杜燕锋著. —广州：中山大学出版社，2021.9
ISBN 978-7-306-07266-5

Ⅰ.①省… Ⅱ.①杜… Ⅲ.①地方高校—产学研一体化—研究—中国 Ⅳ.①G640

中国版本图书馆 CIP 数据核字（2021）第 147321 号

出 版 人：王天琪
策划编辑：嵇春霞
责任编辑：井思源
封面设计：曾　婷
责任校对：姜星宇
责任技编：何雅涛
出版发行：中山大学出版社
电　　话：编辑部 020-84111996，84113349，84111997，84110779
　　　　　发行部 020-84111998，84111981，84111160
地　　址：广州市新港西路 135 号
邮　　编：510275　　传　真：020-84036565
网　　址：http://www.zsup.com.cn　E-mail：zdcbs@mail.sysu.edu.cn
印 刷 者：广东虎彩云印刷有限公司
规　　格：787mm×1092mm　1/16　15.375 印张　213 千字
版次印次：2021 年 9 月第 1 版　2021 年 9 月第 1 次印刷
定　　价：56.00 元

如发现本书因印装质量影响阅读，请与出版社发行部联系调换本书为 2018 年度广东省哲学社会科学规划项目"粤港澳大湾区背景下高校学科专业结构与产业结构适切发展研究"（项目编号：GD18XJY12）阶段性研究成果。

目 录

导论 ··· 1
 第一节 选题缘由与研究意义 ································· 2
  一、选题缘由 ··· 2
  二、研究意义 ··· 6
 第二节 文献综述与概念界定 ································· 7
  一、文献综述 ··· 7
  二、概念界定 ·· 23
 第三节 研究思路与研究方法 ································ 30
  一、研究思路 ·· 30
  二、研究方法 ·· 31

第一章 理论基础与分析框架 ································· 33
 第一节 研究的理论基础及适用性分析 ···················· 33
  一、马克思的社会结构理论 ································· 35
  二、帕森斯的结构功能主义理论 ··························· 38
  三、产业结构理论 ··· 41
  四、高等教育内外部关系规律 ······························ 45
 第二节 高校学科专业结构与产业结构适切发展的分析
     框架 ·· 48
  一、高校学科专业结构与产业结构的关系 ··············· 49
  二、高校学科专业结构与产业结构的互动机理 ········· 53
  三、研究分析框架 ··· 61

第二章 双重变迁：广东高校学科专业结构与产业结构的演变 ………………………………………………… 62

第一节 广东高校学科专业结构的演变与特征 …………… 63
一、我国高校学科专业发展历程与特征 …………… 63
二、广东高校学科专业结构的历史演变与特征 ……… 67

第二节 广东产业结构的演变与特征 ……………………… 71
一、我国产业结构的演变历程 ………………………… 71
二、广东产业结构的演变历程 ………………………… 73
三、广东产业结构的演变趋势 ………………………… 84

第三节 广东高校学科专业结构与产业结构适切发展的历史逻辑 ……………………………………………… 85
一、计划经济下高校学科专业结构的被动调整 ……… 86
二、改革开放下高校学科专业结构调整的主动优化 ………………………………………………………… 87
三、经济新常态下高校学科专业结构调整的适应引领 …………………………………………………… 88

第三章 高速发展中的失衡：广东高校学科专业结构与产业结构适切发展的实证分析 ……………………………… 90

第一节 广东高校学科专业结构与产业结构适切发展的现状管窥 ……………………………………………… 90
一、人才培养维度：高校学科专业结构与产业结构的适切状况 …………………………………………… 90
二、科学研究维度：高校学科专业结构与产业结构的适切状况 ………………………………………… 100
三、社会服务维度：高校学科专业结构与产业结构的适切状况 ………………………………………… 109

第二节 广东高校学科与产业结构适切发展现状的统计分析 …………………………………………… 115

济、技术发展水平越高,第三产业产值比重也就越高,而第一产业和第二产业产值比重则相对较低。广东第三产业产值比重的不断增加,意味着广东地区经济、技术发展水平的提高,也意味着广东的产业发展逐步对人才和技术提出了更高的要求。因此,广东省亟须把创新驱动作为产业优化升级的核心战略,亟须重塑与之相适应的人才结构,尤其是培养具有创新能力、能够运用科学原理为社会谋取直接利益的高级专业人才。① 高校作为人才培养的重要部门,其设置的学科专业不仅影响着人才培养结构,也影响着就业结构变化和产业结构调整。而产业结构的优化升级也会通过就业结构需求的变化影响高校人才培养结构,进而推动高校学科专业结构优化调整。因此,在广东产业结构优化升级的关键时期,面对学科专业设置重复、学科水平低下、培养的学科专业人才无法满足产业发展需求、理工类大学和理工类学科偏少且与产业适切性不足等问题,对广东高校学科专业结构与产业结构适切发展进行的研究就显得尤为重要和迫切。

(三) 广东理工类高校与产业需求之间失衡状况的调整需要

从广东省理工类高校的分布情况来看,广东省理工类高校发展不均衡与产业需求之间的矛盾,进一步加剧了学科专业结构与产业结构之间的失衡状况,从而促使高校需要不断调整自身学科专业结构,变革自己的发展模式,以适应经济社会发展的需要。由于历史原因,广东工科院校较少,仅有华南理工大学1所"985工程""211工程"知名工科院校,广东工业大学、佛山科学技术学院、东莞理工学院等高校均为普通本科高校。从理工类学科的专业情况来看,全省本科高校理工类专业数量在该校专业总数中高于45%的

---

① 参见谢维和等《中国高等教育大众化进程中的结构分析》,教育科学出版社2007年版,第62页。

本科高校只有19所，占所有广东高校总数的12%左右。而与广东省经济水平相当的江苏省却有十多所知名理工科院校，为江苏地方制造业的高速发展和产业升级提供了强力支撑。相比之下，无论是数量上还是水平上，广东省理工类高校均明显不足，难以支撑广东经济发展和产业转型升级需要。从理工类学科专业与产业的关系来看，理工类学科专业是与广东经济发展最为密切的学科专业，也是与产业优化升级最为密切的学科专业。因此，重视理工类高校和理工类学科、培养高层次的理工类创新型科技人才是推动广东工业实现现代化的最强引擎，也是促进广东产业结构快速优化升级的重要途径。

因此，广东结合本省产业优化升级需要和高等教育发展的实际情况，加强对理工科高校和理工类学科的支持，建设高水平的理工科大学，不仅是实现广东创新驱动发展和产业优化升级的理性选择，也是实现广东高校学科专业结构与产业结构适切发展的突破点，具有重要的战略意义和现实意义。

二、研究意义

（一）理论意义

学科专业结构与产业结构之间的关系问题，反映的既是高等教育与经济之间的关系问题，也是高等教育内外部关系规律的体现，更是高校社会职能的体现。因此，该问题是理论研究者关注的课题和研究的重点，也是在高校实际发展过程中高等教育管理实践者离不开的主题。本研究聚焦"学科专业结构"与"产业结构"的关系问题，尝试以社会结构变迁理论、结构功能主义理论、产业结构调整理论、高等教育内外部关系规律等为理论基础，在分析高校学科专业结构与产业结构二者的关系及其互动机理的基础上，构建"结构变迁（历史演变）—结构失衡（现状与问题）—结构调整（行动选择与策略优化）"的分析框架，为研究省域高校学科专业结构与产业结构的适切发展提供科学合理的思维框架和理论依据，进一步丰富高等教育与经济之间的理论视角。

（二）实践意义

1. 为推动广东省创新驱动战略的实施提供依据

广东经济发展正迈入创新驱动发展阶段，经济发展方式转型直接影响产业结构优化升级，需要相应的人才以适应产业结构优化与升级的需求。高校学科专业结构的优化调整有利于培养产业转型升级所需要的人才结构，因而研究高校学科专业结构与产业结构的适切发展，有利于相关部门及时做出判断，制定切实可行的学科、人才发展政策和措施，进而推动广东省创新驱动发展。

2. 为其他省域高校学科专业结构与产业结构适切发展提供借鉴

本研究在分析广东省高校学科专业结构与产业结构适切发展的现状与问题的基础上，结合国外高水平大学学科专业结构调整与产业结构适切发展的方式与策略，从国家、高校、学科等层面对广东高校学科专业结构与产业结构适切发展策略进行优化，并为其他省份高校学科专业结构与产业结构适切发展及"双一流"建设提供借鉴。

第二节　文献综述与概念界定

一、文献综述

学科专业结构的相关议题大多是在高等教育结构研究的框架下进行讨论的，即在研究高等教育结构的基础上，对学科专业结构、学科专业结构与经济产业之间的关系等方面进行研究。因此，为了清晰了解相关研究已经取得的进展及基本观点，以下分别从国内、国外两方面对已有研究进行详细的梳理和述评，以便更好地把握此研究议题的现状和问题，推动本研究的顺利开展。

（一）国内相关研究

随着高等教育与经济之间互动程度的进一步加深，学科专业结构与产业结构之间的关系问题也越来越多地受到社会关注。国内层面的研究主要集中在以下三个方面。

1. 区域高等教育与经济关系研究

关于区域高等教育与经济关系的研究主要集中在二者之间的相互作用与协调发展研究等方面。张振助用实证方法分析了区域与高等教育间的互动发展，并从发展大学科技园、分类指导制定高等教育政策、发展合作办学、制度创新等方面探讨了推动高等教育与区域良性互动的可行性发展策略。[①] 朱迎春综合运用系统科学、教育学和区域经济学等理论，探讨了"高等教育—经济"协调发展的基本理论、内在机制和评价模型，认为应该从"强化政府作用和实施区域发展战略"两方面来促进区域高等教育与经济的协调发展。[②] 练晓荣在分析经济与高等教育互动机理的基础上，构建了协同发展的指标体系，并以福建省为例，对其高等教育与经济发展进行了协同度评价，认为应该采取"建立与地方经济结构调整升级相适应的学科专业结构""积极探索建立经济结构与高等教育结构协同发展的有效机制"等对策，来实现福建省高等教育结构与经济的协同发展。[③] 胡冠中在研究我国高等教育现状的基础上，运用计量经济学、统计学、协同科学、教育学等理论与方法，从微观与宏观层面、短期与长期视角全面系统地分析了不同区域高等教育与经济之间的相关性，认为应该从加强宏观制度建设、尊重高等教育规律、

[①] 参见张振助《高等教育与区域互动发展研究：中国的实证分析及策略选择》，载《教育发展研究》2003年第9期，第39～44页。

[②] 参见朱迎春《区域"高等教育—经济"系统协调发展研究》（学位论文），天津大学2009年。

[③] 参见练晓荣《经济结构与高等教育结构的协同发展研究：以福建省为例》（学位论文），福建师范大学2009年。

发挥高等教育智力支持作用等方面促进区域经济与高等教育的协同发展。[1] 张文耀综合运用多种学科相关理论,以西部地区高等教育与区域经济协调发展作为研究对象,分别从外部环境、内部机理、发展动力、互动机制等方面进行研究,在构建系统化模型的基础上,进一步设计了高等教育推动区域经济协调发展的实现机制,并从宏观(中央政府层面)、中观(省级政府层面)和微观(市场、企业等)三个层面提出了高等教育与区域经济协调发展的策略。[2]这些研究为省域视角下高校学科专业结构与产业结构适切发展的研究提供了理论与实践的借鉴。

2. 学科专业结构研究

(1) 学科专业结构归属问题研究。在我国,一些研究者常常将学科专业结构研究融合在高等教育结构研究中,将学科专业结构作为高等教育结构的下位结构进行研究。潘懋元先生将高等教育结构分为宏观结构和微观结构两部分,其中,高等教育层次(水平)、办学形式、科类和专业布局等都属于宏观结构,而学科专业结构属于科类结构,因此,学科专业结构也被看作是高等教育结构中宏观结构的内容。[3] 赵文华以系统客体为中心,将高等教育结构分成科类结构和层次结构,认为科类结构调整应该以综合化为基础,与社会达成高度契合。[4] 依据其观点,学科专业结构被包含在科类结构中,所以,学科专业结构的调整也应该与社会高度契合。闫亚林根据高等教育结构不同的本质属性,将高等教育结构分为高等教育固有结构和高等教育派生结构。其中,高等教育固有结构可划分为宏观(如层次结构、科类结构)、中观(如学科专业结构、师资队伍

---

[1] 参见胡冠中《区域经济与高等教育协调发展研究》(学位论文),天津大学2015年。
[2] 参见张文耀《西部高等教育与区域经济协调发展研究》(学位论文),西北大学2013年。
[3] 参见潘懋元《新编高等教育学》,北京师范大学出版社1996年版,第128页。
[4] 参见赵文华《高等教育系统论》,广西师范大学出版社2001年版,第113页。

结构)、微观(如教学结构、课程结构)三个层次。① 宋旭峰在其博士学位论文中,结合一些学者的研究内容,提出将高等教育结构划分为五个二级结构,即层次结构、类型结构、学科结构、区域结构、管理体制结构等。② 这些研究的共同点在于都将学科专业结构作为高等教育结构中的下位结构进行研究,进一步明确了学科专业结构在高等教育结构中所处的位置,即它是高等教育结构中的重要组成部分。因此,对学科专业结构的研究应该放在高等教育结构大框架下进行讨论。

(2) 学科专业结构理论问题研究。在学科专业结构概念认识方面,郝克明等从宏观角度对学科专业结构进行界定,认为学科专业结构是各类高校及具体学科专业所构成的比例关系和组合方式;③ 赵文华从系统论的角度,将学科专业结构定义为以知识为中心的高等教育要素的组合关系及比例关系;④ 庞青山从大学学科及大学学科的分类视角,将学科专业结构界定为大学内部的学科组成及其关联方式;⑤ 陈燮君认为学科专业结构是学科的知识纤维、理论板块、学科体系发展演进规律的有机构成,是学科内在逻辑的集中反映,是学科时代精神的构造性体现,是学科空间分布和时态变换的结合方式的选择。⑥ 笔者审视各家对学科专业结构概念的界定,通过辨析得出本研究所使用的学科专业结构概念,即依据郝克明对学科专业结构的界定,将其界定为各类高校及其高校中具体的学科知识门类或专业划分的大的学科领域及其间的比例关系。此外,陈燮

---

① 参见闫亚林《高等教育层次和科类结构研究》(学位论文),华东师范大学2005年。
② 参见宋旭峰《建国以来江苏高等教育结构发展分析》(学位论文),南京师范大学2005年。
③ 参见郝克明、汪永铨《中国高等教育结构研究》,人民教育出版社1987年版,第3页。
④ 参见赵文华《高等教育系统论》,广西师范大学出版社2001年版,第113页。
⑤ 参见庞青山《大学学科论》,广东教育出版社2006年版,第64页。
⑥ 参见陈燮君《学科学导论》,上海三联书店1991年版,第17页。

君从学科专业结构理论①、学科专业结构演进规律②、学科专业结构的新时代特征③等方面对学科专业结构进行了分析与探讨。在学科专业结构模式研究方面,徐智德等认为学科专业结构要与经济发展相适应,形成传统产业与新学科相结合的学科结构模式。④ 陈士俊、王梅、李军等在分析我国学科专业结构研究现状的基础上,通过雷达图分析,将我国高校学科专业结构模式概括为偏振型和均衡型两种。⑤ 这些关于学科专业结构方面的研究进一步丰富了该领域的理论研究。

(3) 学科专业结构优化研究。学科专业结构优化是高等教育结构优化的关键内容。通过文献综述分析可知,关于学科专业结构优化的研究主要集中在三个方面。

1) 不同研究视角的学科专业结构优化研究。在学科专业结构优化的宏观层面,潘懋元、肖海涛认为应该依据社会经济发展的需要来调整学科专业结构。⑥ 林蕙青也认为学科专业结构调整应该主动适应社会经济发展的需要。⑦ 罗丹通过对扩招过程中高校专业结构变化的探究,总结了学科专业结构调整的有效策略,如改革专业目录管理方式、完善专业评估制度等。⑧ 张放平从学科与经济社会

---

① 参见陈燮君《学科结构理论史纲》,载《上海社会科学院学术季刊》1990 年第 1 期,第 5~15 页。
② 参见陈燮君《论学科结构的演进规律》,载《上海社会科学院学术季刊》1991 年第 1 期,第 5~12 页。
③ 参见陈燮君《论学科结构的新的时代特征》,载《求索》1990 年第 5 期,第 62~68 页。
④ 参见徐智德《我国高校学科结构模式刍议》,载《辽宁高等教育研究》1995 年第 3 期,第 43~45 页。
⑤ 参见陈士俊、王梅、李军《论我国高校学科结构的协调发展》,载《科学管理研究》2004 年第 6 期,第 89~93 页。
⑥ 参见潘懋元、肖海涛《中国高等教育大众化结构与体系变革》,载《高等教育研究》2008 第 5 期,第 26~31 页。
⑦ 参见林蕙青《高等学校学科专业结构调整研究》(学位论文),厦门大学 2006 年。
⑧ 参见罗丹《规模扩张以来高校专业结构变化研究》(学位论文),厦门大学 2008 年。

发展之间的密切度进行分析,认为二者之间的密切度仍显欠缺,因此,要以社会需求为导向调整专业结构。① 李立国和詹宏毅分别研究了我国博士研究生教育学科结构变化②、中国和美国博士研究生教育学科结构③,以及我国硕士研究生教育学科结构变化④。宋东霞、黄海军分析了我国研究生教育学科结构变化的特点和原因,认为研究生教育学科结构调整要适应经济、产业结构、社会发展等的需要,重点发展应用性强的工科和新技术等学科。⑤ 以上研究,无论是对学科专业结构优化的整体分析,或是对某一阶段高校学科专业结构优化的分析,其提出的高校学科专业结构优化调整策略均以社会需要、产业需求为导向且具有一定的普遍意义,为后文分析研究广东高校学科专业结构与产业结构适切发展的策略优化提供了参考。

在学科专业结构优化的省域层面,杨一心、刘标、钟错等研究了江苏省高等教育学科专业结构的状况,认为学科专业结构必须做出适当的优化调整,以便能够更好地适应社会、经济、文化和高等教育的发展需求。⑥ 丰晓芳以内蒙古自治区的研究生教育为例,对其学科结构和学科水平的现状与问题进行了分析,并阐述了相关原因与对策,即通过增加研究生教育二级学科、依据区域重点发展的经济产业来引导学科结构调整、重视重点学科建设、建立健全学科

---

① 参见张放平《以社会需求为导向加大专业结构调整力度》,载《中国高等教育》2008 年第 17 期,第 20～22 页。

② 参见李立国、詹宏毅《我国博士研究生教育的学科结构变化分析》,载《复旦教育论坛》2008 年第 6 期,第 28～36 页。

③ 参见李立国、詹宏毅《中美博士研究生教育的学科结构比较分析》,载《中国高教研究》2008 第 8 期,第 29～39 页。

④ 参见李立国、詹宏毅《我国硕士研究生教育的学科结构变化分析》,载《学位与研究生教育》2010 第 3 期,第 20～24 页。

⑤ 参见宋东霞、黄海军《我国研究生教育学科结构变化的特点和原因分析》,载《中国高教研究》2012 年第 6 期,第 36～40 页。

⑥ 参见杨一心、刘标、钟错《江苏省高等教育结构及其优化研究》,载《苏州大学学报(哲学社会科学版)》2007 年第 11 期,第 114～119 页。

评估机制等。① 邱家洪在分析重庆高等教育结构现状的基础上，认为该地区应坚持以多样化的高等教育结构来满足多样化的教育需求，在建立健全政府宏观调控、高等学校自律和自控管理相结合的高等教育结构调节机制的基础上，优化调整学科专业结构、建设优势特色学科、发展新兴交叉学科。② 张晓韧对湖南省本科高校学科专业结构现状进行了分析，并从宏观和微观两个方面提出了学科专业结构优化发展策略，例如，建立适应市场需求的调适机制以及保护和鼓励优势学科，重视高等教育资源配置，等等。③ 查啸虎以大学生供给结构与人才市场需求结构之间的关系对大学毕业生就业的影响为视角进行分析，认为安徽省高校学科专业结构应该主动适应省域产业发展的需要。④ 综上所述，文献中关于各省域高校学科专业结构与产业结构研究的不足，为广东高校学科专业结构与产业结构适切发展这一研究选题的开展提供了可行性基础和可研究空间。

在学科专业结构优化的高校层面，张文修、王琳等在研究我国重点理工院校学科的基础上，认为重点理工院校的学科专业结构调整必须进行"三个转变"，即"体现国家建设发展目标的优势学科从国内领先研究到国际领先研究的转变……以工科为主的学科结构向综合性研究型大学的转变"⑤。徐永健、韦玮认为，高校学科专业结构的合理与否能够影响高校与社会需求之间的动态平衡，因此，应该调整和优化高校学科专业结构，以实现高等教育与产业发

---

① 参见丰晓芳《内蒙古自治区研究生教育学科结构与学科水平研究》（学位论文），内蒙古农业大学2008年。
② 参见邱家洪《重庆高等教育结构的优化与质量保障》，载《教育评论》2009年第5期，第113～116页。
③ 参见张晓韧《湖南省本科专业学科结构诊断及调控策略研究》（学位论文），中南大学2009年。
④ 参见查啸虎《优化高等教育结构服务和引领省域经济社会发展》，载《安徽师范大学学报（人文社会科学版）》2010年第3期，第252～254页。
⑤ 参见张文修、王琳《高等学校学科结构调整的目标与方法》，载《西安交通大学学报（社会科学版）》2000年第1期，第56～57页。

展之间的成功耦合。① 上述研究从不同高校层面探讨了学科专业结构优化调整，为本研究以高水平理工科大学为研究对象来探讨广东高校学科专业结构与产业结构适切发展提供了研究依据，即高校学科专业结构优化调整能够在一定程度上促进区域产业的发展与转型升级。

2) 不同侧重点的学科专业结构优化研究。其一，对学科专业结构现状与问题方面的研究。包丽颖、安钰峰认为，我国高校学科专业结构存在"学科设置与市场需求变化的适应性不强""学科建设缺乏品牌意识""术业有专攻的模式不利于现代复合型人才的培养"等问题。② 其二，对学科专业结构失衡方面的研究。李培凤认为地方本科高校学科专业结构失衡的原因有五个方面，即学科齐全、结构趋同；基础学科与应用学科发展失调；学科群建设落后，学科组织方式封闭；学科特色优势不明显，结构调整动力不足；学科结构调整滞后于产业发展需要。③ 其三，对学科专业结构优化原则方面的研究。闫亚林在总结了42个国家高等教育学科专业结构变化规律的基础上，提出了学科专业结构优化应遵循总体优化、动态适应、适度超前和协调发展等四个原则。④ 张放平提出了规模与质量并举、改造与新办结合、特色与一般兼顾等原则。⑤ 其四，对学科专业结构优化路径方面的研究。高茜认为应该从四个方面来优化学科专业结构，即重视基础学科建设、大力发展交叉学科、合理

---

① 参见徐永健、韦玮《以强化服务功能为导向的地方高校本科学科专业结构优化研究》，载《高等理科教育》2010年第2期，第47～52页。
② 参见包丽颖、安钰峰《高等教育专业结构的现状与调整方向》，载《中国高教研究》2009年第10期，第68页。
③ 参见李培凤《地方综合大学学科结构调整研究》，载《教育理论与实践》2010年第2期，第55～58页。
④ 参见闫亚林《高等教育层次和科类结构研究》（学位论文），华东师范大学2005年。
⑤ 参见张放平《以社会需求为导向加大专业结构调整力度》，载《中国高等教育》2008年第17期，第20～22页。

规划学科布局、加强政府宏观管理和高校自主调节相结合。① 张微认为，区域经济社会发展需要和市场需求是高校学科专业结构优化调整的支撑点。因此，应建立面向地方、贴近行业、以市场需求为导向的学科专业结构优化机制。② 包丽颖、安钰峰认为，学科课程综合化、学科特色品牌化、学科设置市场化应是未来高校学科专业结构调整努力的方向。③

3）不同研究方法的学科专业结构优化研究。通过文献综述可知，此研究领域采取的研究方法主要有比较研究、实证研究、个案研究等。其中，比较研究的成果较多，如康宏分析了国外高等教育结构优化调整的做法，认为高等教育学科专业结构应该适应产业结构调整与升级需要，应该加大高新技术产业化所需要的计算机与信息技术、生物与医药工程、新材料、通信、自动化等学科专业的发展。④ 王恩华对俄罗斯学科专业结构进行了研究，认为俄罗斯学科专业结构主要以工科为主，但受市场经济发展需要以及人文主义浪潮的影响，其人文科学发展较快，工程类学科逐渐减少。⑤ 李战国对美国高校学科专业结构与产业发展进行了研究，认为二者之间主要经历了相互分隔、有限联系、主动适应以及超前引领等四个演变阶段。⑥ 这些关于国外学科专业结构方面的研究，有利于我们更好地了解国外学科专业结构的变化情况，进而为我国高校学科专业结构优化调整提供国际借鉴。实证研究方面，解垩以不同学科在校生

---

① 参见高茜《我国高等教育学科结构的优化研究》（学位论文），武汉理工大学2007年。
② 参见张微《高校专业设置与适应区域经济发展问题研究》，载《经济研究导刊》2008年第6期，第184页。
③ 参见包丽颖、安钰峰《高等教育专业结构的现状与调整方向》，载《中国高教研究》2009第10期，第68页。
④ 参见康宏《高等教育结构优化：国外的实践与启示》，载《广东工业大学学报（社会科学版）》2002第12期，第18～20页。
⑤ 参见王恩华《俄罗斯现行高等教育结构研究》，载《现代教育科学》2003年第4期，第77～78页。
⑥ 参见李战国、谢仁业《美国高校学科专业结构与产业结构的互动关系研究》，载《中国高教研究》2011年第7期，第46～49页。

与人均国内生产总值的关联度作为灰色线性规划的贡献率灰数，优化了各学科在校生结构及其学科专业结构。① 文雯、谢维和采用回归分析和聚类分析等统计方法，发现高校学科专业结构呈现趋同现象，应该加大应用学科的比例。② 杨亮采用教育系统工程的思想和方法对我国学科专业结构人才供给能力进行了预测。③ 崔永涛利用动态分布滞后模型，在分析我国高校学科专业结构与产业结构关系的基础上，认为学科专业结构优化应该增加理学、工学等学科的招生比重。④ 个案研究方面，多以某个或几个高校为案例进行分析，研究其学科专业结构的现状、问题及优化调整的策略。如常亮以天津大学为个案进行研究，采用定性与定量相结合的方法，提出学科专业结构优化的路径。⑤ 孙丽莎以哈佛大学和北京大学的学科专业结构为个案进行研究，认为高校学科专业结构优化调整应从学校实际情况出发，遵循学科自身发展规律，坚持以社会需求为导向，重视优势学科建设和交叉学科发展。⑥ 然而，每一种研究方法都有其优点和不足。例如，比较研究虽然能够使我们清楚地了解国外学科专业结构的情况，但是这些研究相对分散，无法形成系统的研究；个案研究虽然能够较好地向我们展示某一个案例中的高校的情况，但是具有一定的局限性。因此，我们在以后的研究中要综合使用多种研究方法，以便对所研究的问题进行更全面、系统及深入的研究。

---

① 参见解垩《适应经济发展的高校学科结构优化模型》，载《统计与信息论坛》2005 年第 6 期，第 63～67 页。
② 参见文雯、谢维和《中国高等教育大众化初期学科结构变化的主要特点与实证分析》，载《中国高教研究》2007 年第 3 期，第 52～56 页。
③ 参见杨亮《基于教育系统工程理论的高等教育学科结构优化研究》（学位论文），天津大学 2011 年。
④ 参见崔永涛《我国高等教育学科结构优化调整研究——基于产业结构调整的视角》，载《教育发展研究》2015 年第 17 期，第 8～14 页。
⑤ 参见常亮《天津大学学科结构优化研究》（学位论文），天津大学 2009 年。
⑥ 参见孙丽莎《中美一流大学学科结构比较研究——以哈佛大学、北京大学为例》（学位论文），中南大学 2012 年。

3. 学科专业结构与产业结构关系研究

通过文献梳理发现，关于此方面的研究成果主要集中在两个方面。一是学科专业结构与产业结构的适应性、协调性研究。李英等学者提出学科专业结构与产业结构相适应的标准，认为学科专业结构应在遵循自身发展规律的基础上主动适应产业结构。① 董莉从省域视角对学科专业结构与产业结构的协调性进行了研究。② 吴雯雯、曾国华等利用典型相关分析、因子分析和回归分析对1999—2012年间江西省高等教育学科专业结构与产业结构的适配路径、影响程度和调整策略进行了分析。③ 杨林等学者利用欧氏距离协调度模型对2004—2013年中国高等教育学科专业结构变迁与产业结构升级的协调性进行分析，认为应该建立学科专业调整的动态机制，加强宏观调控，提升学科专业结构与产业结构的协调性、适配度和均衡性。④ 胡德鑫、王漫利用多元典型相关分析法对高等教育学科专业结构与产业结构进行了实证分析，认为应该根据产业发展需要，对人才需求进行预测，调整学科结构，使其适应产业结构优化升级的需要。⑤ 雷云从区域高等教育学科专业结构与产业结构适应性出发，在分析二者相互作用机理的基础上，对辽宁省高校学科专业结构与产业结构的适切性进行了分析，并提出应该依据区域特色促进产业优化升级，调控学科发展规模，完善学科适应能力，使学科专业结构与产业结构相适应。⑥ 二是产业视角下学科专业结构

---

① 参见李英、赵文报《高校学科专业结构与产业结构的适应性研究》，载《科技管理研究》2007年第9期，第149页。
② 参见董莉《陕西省产业结构与学科建设的协调性研究》（学位论文），西北大学2010年。
③ 参见吴雯雯、曾国华《高等教育学科结构与产业结构适配问题——以江西省为例》，载《教育学术月刊》2015年第5期，第37～45页。
④ 参见杨林、陈书全、韩科技《新常态下高等教育学科专业结构与产业结构优化的协调性分析》，载《教育发展研究》2015年第21期，第45～51页。
⑤ 参见胡德鑫、王漫《高等教育学科结构与产业结构的协调性研究》，载《高教探索》2016年第8期，第42～49页。
⑥ 参见雷云《供给侧改革视域下区域高等教育学科结构与产业结构的适切性研究》，载《黑龙江高教研究》2017年第3期，第68～71页。

与产业结构的关系研究。胡赤弟认为一体化的学科、专业、产业链是区域高等教育服务经济（产业）发展的有效载体，因此，应该立足于学科、专业与产业，建立产业需求的引导机制。① 刘畅从产业发展角度出发，认为应该构建产业与学科协同发展的校企合作模式，基于地方产业特色发展对口学科以实现学科专业结构与产业发展需求的适切。② 许长青从产业结构调整视角出发，在分析广东高校学科专业结构存在问题的基础上，提出了应该构建"政府调控—高校主导—市场参与"的学科专业设置动态调整优化机制。③

（二）国外相关研究

国外并没有明确的学科专业结构这一概念，也很少有学者直接将学科专业结构与产业结构两者联系起来作为一个独立主题进行研究。因此，以"discipline structure of higher education" "industrial structure"为关键词进行英文文献检索时，未能找到合适的文献资料。但国外对此领域的相关研究主要集中在以下两个方面。

（1）高等教育与经济的相关研究。一方面是高等教育结构的理论研究，主要集中在高等教育系统内部与外部两个层面。关于高等教育系统外部的研究，马丁·特罗（Martin Trow）提出了"高等教育发展阶段论"，认为当高等教育发展处于不同阶段时，高等教育结构应做出相应的调整。④ 日本学者天野郁夫运用社会学方法，研究日本高等教育的演变过程，提出"二元二层结构"的高等教育等

---

① 参见胡赤弟《论区域高等教育中学科—专业—产业链的构建》，载《教育研究》2009年第6期，第87～88页。
② 参见刘畅《基于产业发展的高校学科结构优化设计》，载《中国高教研究》2011年第8期，第46～49页。
③ 参见许长青《基于区域产业结构调整的广东高校专业设置优化研究》，载《现代教育科学》2014年第2期，第154～156页。
④ Martin Trow. "The expansion and transformation of higher education". *International Review of Education*, 1972 (1): 61–63.

级结构，并在发展论的基础上提出了"制度类型论"。① 伯顿·克拉克（Burton R. Clark）以组织理论作为研究方法，对高等教育系统内部进行了研究，提出高等教育结构"多元化"的基本思想。② 另一方面是高等教育与经济发展的理论研究，主要以西奥多·舒尔茨（Theodore W. Schultz）的人力资本理论为代表。之后，一些学者不断对人力资本理论进行丰富和发展，如保罗·罗默（Paul M. Romer）、罗伯特·卢卡斯（Robert Lucas）等学者提出的新增长理论。除此之外，也有一些学者从实践方面对高等教育与经济之间的关系进行了研究，如查匪（Chaffey）等通过对美国高等教育与区域经济之间的关系进行研究，进一步证实了高等教育与经济发展之间有着直接的影响作用。③ 约西亚（Josiah Z. Nyangau）研究了肯尼亚高等教育与经济增长之间的关系，认为高等教育是经济增长的关键动力，并认为肯尼亚政府可以从中国、印度、韩国、新加坡等国家的高等教育对新兴工业化经济发展与转型的作用中吸取有益的经验，通过采取合理、具体的政策与步骤来确保本国高等教育能够为经济转型发展提供充足的人力资本；此外，在高等教育课程专业设置方面，应重视不同利益相关者，如学生、新近毕业生、企业/工业雇主等对课程或专业的反馈与需求，使高校培养的人才能满足经济社会的需求，进而驱动经济转型。④ 吉玛·布伦蓬（K. Gyimah-Brempong）等则采用修改过的新古典主义增长方程和动态面板估计法，对非洲国家1960—2000年间的固定样本数据进行研究，以调查高等教育人力资本对非洲国家经济增长的影响。研究发现，各级

---

① 参见［日］天野郁夫《高等教育的日本模式》，陈武元译，教育科学出版社2006年版，第163～189页。
② 参见［美］伯顿·克拉克《高等教育系统——学术组织的跨国研究》，王承绪、徐辉等译，杭州大学出版社1994年版，第306～309页。
③ J. Chaffey, H. Isaacs. *Estimating the impacts of a college or university on the local economy.* (Washington D. C.: American Council On Education, 1971).
④ Z. Josiah. "Higher education as an instrument of economic growth in Kenya". *Forum for International Research in Education*, 2014（1）：7-25.

教育人力资本尤其是高等教育人力资本，对非洲各国人均收入增长率具有积极的显著影响。① 这些国家的实践研究表明，无论是发达国家还是发展中国家，高等教育在促进经济发展方面都有一定的积极作用。

（2）学科专业与经济（产业）方面的研究。塔哈·奈米（Taha T. Al-Naimi）等学者早在20世纪80年代就以伊拉克的一所科技大学为例进行分析，认为高校学科专业设置应该适应国家需要，尤其是随着产业结构转型发展，高校为了响应国家经济产业发展需要，应逐渐开始重视一些非技术类的学科专业，如心理学、管理和文化教育等。② 埃米尔·胡谟（Emir Humo）和姆拉登·波波维奇（Mladen Popovic）等学者则认为信息化发展引起了工程学科的变革，在信息化浪潮大背景下，发展与改革应成为高等教育学科建设的常态。学科建设与发展不仅要遵循高等教育内在逻辑结构和功能，更要与它们所处的环境相适应，这就要求大学组织应该在教学和研究上更具灵活性和适应性。因此，他们提出应该开设个性化课程，建立跨系科的组织形式（如联合医药、语言、艺术等其他学院组建工程学院），因地制宜地开展特色工程教育。此外，在学科发展的制度设计上应根据其学科特点和教育过程特点进行调整。③ 凯瑞·霍利（Karri A. Holley）和迈克尔·哈里斯（Michael S. Harris）等学者从美国研究型大学与城市经济发展关系的视角进行研究，认为研究型大学应该重视地方服务工作，加强对研究成果的推广和应用工作；制定契合当地经济发展的学科发展策略，加强与社

---

① K. Gyimah-Brempong. "Higher education and economic growth in Africa". *Journal of Development Studies*, 2006（42）: 509－529.

② T. Taha, A. Sabah. "University interaction with national development plans: a case study from IRAQ". *Higher Education*, 1981（10）: 663－673.

③ E. Humo, M. Popovic. "The new engineering disciplines and the adaptiveness and flexibility of university education". *Higher Education in Europe*, 1987（3）: 49－53.

区其他大学及学院的对话和共享。① 也有一些国外大学的研究者以中国台湾的学科专业与产业关系为研究对象进行分析研究。例如，美国印地安纳大学的研究者田春林采用柯布－道格拉斯生产函数模型来研究中国台湾高等教育学科专业对劳动力及经济增长的影响，根据相关函数，在考察高等教育不同学科专业对经济增长影响的基础上，将高等教育按照学科进行分类，并选择文学、艺术、经济、社会科学四个不同学科，同时，将产业分为农业、工业和服务业三个部门，以此来考察不同学科对不同产业部门是否产生不同的影响。②结果发现，高等教育学科专业发展总体上对台湾的经济发展具有显著影响，其中，工程和自然科学等学科专业在经济发展中起着尤为重要的作用。③ 奥兹莱姆·巴克（Ozlem Bak）和克里斯汀·乔丹（Christine Jordan）则从评估技能方面探讨了高等教育与产业之间的联系，并通过对120名英国研究生、毕业已工作的学生以及对一些学术文献的调查分析，评估大学学科专业与职业之间联系的重要性，通过加强大学学科专业与产业之间的联系，使学生能够获得管理、领导等方面的技能。④

（三）研究述评

1. 国内文献研究述评

通过前文国内文献研究部分可知，关于学科专业结构、学科专业结构与产业结构的研究主要呈现出以下六个特点：①从研究时间分布情况来看，相关研究成果数量呈逐年上升趋势，尤其是21世

---

① A. Holley, S. Harris. "The 400-pound gorilla: the role of the research university in city development". *Innovative Higher Education*, 2017（8）.
② T. Lin. "Education, technical progress, and economic growth: the case of Taiwan". *Economics of Education Reiew*, 2003（4）: 213 – 220.
③ T. Lin. "The role of higher education in economic development: an empirical study of Taiwan case". *Journal of Asian Economics*, 2004（15）: 355 – 371.
④ O. Bak, C. Jordan. "Linking industry and higher education: assessing the skills requirements". *Focus January*, 2017: 55 – 56.

纪以来，这方面的研究论文数量呈现出大幅度增长的趋势。②从研究内容来看，呈现出多样化趋势，既有宏观层面高等教育结构的研究，还有微观层面专业设置的研究；既有学科专业结构的静态研究，也有少量学科专业结构的动态研究。③从研究范围来看，呈现出广泛化趋势，既有国家整体范围内学科专业结构的研究，也有区域/省域内学科专业结构的研究，还有高校层面学科专业结构的研究。④从研究视角来看，有从历史视角进行的研究，有从比较视角进行的研究，也有从多学科视角进行的研究。⑤从研究方式来看，多数是经验交流型，少数是理论探讨型。其中，经验交流型的相关论文一般比较关注高校学科专业设置，以及微观层面学科专业建设等内容；理论探讨型的论文成果则越来越注重从政府、市场、高校等方面系统地进行研究。⑥从研究方法来看，较多为定性分析，也有部分定量分析。另外，在层次类型上，既有针对本科层次学科专业结构的研究，也有关于研究生教育学科专业结构方面的研究。

　　除此之外，学科专业结构、学科专业结构与产业结构等相关研究也存在一些不足之处：一是理论方面的研究有待加强。通过文献梳理发现，大多数研究都集中在实践层面进行探讨，如高校学科专业设置现状、问题，或是高校学科专业结构优化调整策略等。因此，关于学科专业结构与产业结构关系的理论研究有待加强。而本研究则综合运用社会结构变迁理论、结构功能主义理论、产业结构理论、高等教育内外部关系规律等，分析高校学科专业结构与产业结构二者之间的关系及二者之间的互动机理，并构建了高校学科专业结构与省域产业结构适切发展的分析框架，即"结构变迁（历史演变）—结构失衡（现状问题）—结构调整（行动选择与策略优化）"。二是量化研究有待加强。通过前文文献分析可知，大部分研究主要采用文献分析法或者个案研究法，或是比较研究法，主要是基于高校自身问题的描述性或经验性探讨，仅有极少的研究是采用量化分析的。因此，在高校学科专业结构与省域产业结构适切发展的研究中需加强量化研究。

2. 国外文献研究述评

由前文国外相关文献研究部分可知，国外对高校学科专业结构与产业结构的关系研究主要有以下三个特点：①从研究内容来看，大多数研究都包含在高等教育与经济增长的研究成果里面，且较多地使用人力资本理论来研究高等教育与经济增长之间的关系。②从研究对象分布来看，不仅涉及美国等发达国家，也涉及对一些发展中国家的研究，如肯尼亚等。③从研究方法来看，国外的研究主要以实证研究为主。此外，由于笔者自身的局限性，收集的关于高校学科专业结构与产业结构之间关系的外文文献资料相对较少，因而本研究综述在一定程度上存在不足。但是，综述中所收集的关于高等教育结构与经济发展、学科与产业等方面的外文文献，也在一定程度上拓宽了笔者的研究视野，为本研究的开展提供了一定借鉴。

二、概念界定

（一）专业、学科、学科专业结构

1. 专业与学科

"专业"的内涵随着社会的不断发展而丰富。中世纪时期，专业被解释为一种职业或一种专长，常用来泛指专门人才所从事的一种特定业务领域或是某一类职业。19世纪后，随着社会的发展变化，专业常被理解为高等教育中的一些学科专业，如高校中原有的神学、医学、法学等专业，以及该时期出现的一些新技术、工程、农业、管理等专业。现在的一些西方国家（如美国）则认为，专业即不同课程的组合，或是不同的课程计划或课程体系。国外关于专业的界定与划分主要依据社会发展需要与开设课程科目之间的均衡，与人才培养影响不大，且不同专业设置之间的界限相对模糊。我国关于专业的界定及划分与国外不同，主要有以下几种代表性观点：潘懋元教授指出，"高等教育分科类——专业，是高等教育发展的一种标志，也是科学发达的一种标志"，"大学分科培养人才，是近代科学发展、科学分化的产物"。① 薛天祥认为，专业是"高校中根据学科分类和社会职业分工需要分门别类进行高深专门知识教与学活动的基本单位"②。赵文华从广义和狭义两个角度来界定专业：广义而言，将专业界定为知识的专门化领域；狭义而言，强调专业与人才培养活动的联系，认为专业是一种人才培养的基本单位。③ 依据我国不同学者关于专业的界定，本研究中的"专业"可以理解为：根据学科分类和社会职业分工等情况设置的学习方向，而分门别类地进行高深知识的教学与人才培养活动。它与培养人的活动相联系，是培养人才的基本单位，体现了社会对人才类型、素质和能力等方面的要求。由此可见，"专业"的内涵包括两个主要方面：一是社会需求，即专业的设置与社会需求相关；二是学科基础，即专业的设置需要依托相应的学科来组织课程体系，开展人才培养实践活动。

"学科"（discipline）是一个具有丰富内涵的词汇。从词源上看，它源于拉丁文"disciplina"和"discipulus"，意为知识与权力，后来演化为英文"discipline"。其包含两层含义：一是对人进行的训练或培育，二是知识的分类和教学科目。国内外众多辞书对 discipline 进行了多种注解，主要包括科学门类或某一研究领域、一定单位的教学内容、规范惩罚等含义。其中，《牛津英语辞典》将学科解释为：教学或教育的一个分支，学习或者知识的一个部门。《中国大百科全书》将学科等同于知识门类或知识领域。《辞海》将学科界定为学术的分类或是教学的科目，即学科是科学内某一领域的知识和理论体系。④

国外不同领域的研究者也从不同视角对学科进行了界定，并赋

---

① 参见潘懋元《高等教育学讲座》，人民教育出版社 1993 年版，第 93~95 页。
② 薛天祥：《高等教育学》，广西师范大学出版社 2001 年版，第 27 页。
③ 赵文华：《论作为一种专业组织的高等教育系统》，载《高等教育研究》2000 年第 3 期，第 11~14 页。
④ 参见夏征农《辞海》，上海辞书出版社 1999 年版，第 3194 页。

予其不同的标准。德国学者海因茨·黑克豪森（Heinz Heckhausen）基于经验和事实分析的视角，认为学科是指对同类问题所进行的专门科学研究。法国学者马克斯·布瓦索（Max H. Boesot）从结构分析的角度，将学科定义为一种结构，包括客体、现象和定律三种成分组合的集合。比利时交叉学科理论专家阿玻斯特尔（L. Apostel）认为学科是基于动态分析和社会活动分析，以建立模式（基础学科）为目标，以改变客体（应用学科）为目的的活动。① 伊曼纽·华勒斯坦（Immanuel Wallerstein）认为"学科是知识的分类，也是组织结构，还是一种文化"②，"学科非以教条而立，其权威性并非源自一人或一派，而是源自普遍接受的方法或真理"③。伯顿·克拉克（Burton R. Clark）则从两个方面界定学科，即认为学科既是一门知识（即知识形态的学科），也是一个组织（即组织形态的学科）。因此，学科既表现出一定的科学领域或科学分支，又表现为特定的学术组织，同时兼具学术性和组织性。④ 我国的一些学者也对学科做出了不同的定义。有学者从学科形成的标准来界定学科，提出学科形成的五大指标：特有的研究对象、应为时代产物、学科创始人及其代表作、理论体系、独特的研究方法。⑤ 孙绵涛将学科界定为"一种由研究对象、研究方法及学科体系所构成的具有一定知识范畴的逻辑体系"⑥。孔寒冰从三个方面对学科进行了详细的阐述：从知识传递与教育教学角度，将学科界定为教学的科目；从知识生产与学问研究的角度，将学科界定为科学的分支或是知识的分门别类；从教学与组织的角度，将学科界定为从事教学与研究的

---

① 参见刘仲琳《现代交叉学科》，浙江教育出版社1998年版，第156页。
② ［美］华勒斯坦：《知识的不确定性》，王贵译，山东大学出版社2006年版，第104页。
③ ［美］华勒斯坦：《学科·知识·权力》，刘健子等译，生活·读书·新知三联书店1999年版，第13页。
④ 参见［美］伯顿·克拉克《高等教育新论——多学科的研究》，王承绪等译，浙江教育出版社2001年版，第107～108页。
⑤ 参见刘仲琳《现代交叉学科》，浙江教育出版社1998年版，第19～28页。
⑥ 孙绵涛：《学科论》，载《教育研究》2004年第6期，第49～51页。

机构。① 马陆亭从学科是大学发展的核心、学科是知识分类体系、学科是一种制度安排、专业是学科的细化等方面对学科内涵进行阐述，认为学科涵盖专业。② 马陆亭的这种"学科涵盖专业"的观点为本研究中对于学科的界定提供了依据。

本研究中所使用的"学科"这一概念包括以下四个方面的内涵：①从学科归属看，它是分化的科学领域，是自然科学和社会科学的下位概念。②从学科设置看，它是基于人才培养和学位授予而设置或划分的学科。本研究中所涉及的学科即我们通常所说的十二大学科门类（军事学除外）及其学科门类下的学科与专业。③从不同层次的学科分类看，包括研究生层次的学科和本科层次的学科。研究生层次的学科与本科层次的学科之间存在着一定的联系与区别。一方面，依据《普通高等学校本科专业目录》和《授予博士、硕士学位和培养研究生的学科、专业目录》可知，研究生教育与本科生教育在学科门类的划分标准基本相同，但研究生目录的一级学科、二级学科（新的学科目录已取消了二级学科一说，而分为方向领域）与本科目录的专业类别，因人才培养规格、层次的不同，在划分上有较大差异。另一方面，从知识探究角度看，一般而言，研究生层次学科知识的探究性要明显强于本科生层次。④从学科与专业的关系看，研究生层次的专业目录多数情况下是根据学科设置的；本科生层次的学科与专业具有同构性，其学科结构与专业结构是一致的。因此，本研究中所涉及的学科专业，既包括研究生层次与本科生层次的学科，也包括本科层次学科下面的专业。

2. 学科专业结构

"结构"强调系统内部各个要素之间相对稳定的主要关联，尤其是系统内部各要素之间能够对系统特性和外部功能起决定作用的

---

① 参见孔寒冰《高等学校学术结构重建的动因》，载胡建雄主编《学科组织创新》，浙江大学出版社2001年版，第243~244页.

② 参见马陆亭《一流学科建设的逻辑思考》，载《高等工程教育》2017年第1期，第62~63页。

内部关联。①"高等教育结构"则是指高等教育系统内部各要素的构成状态。学科专业作为高等教育结构的重要组成要素，其涉及的学科专业结构主要强调学科专业内部各要素的构成状态，如学科专业布局、学科专业数量、规模等。依据前文对"专业"和"学科"的界定，并结合"结构"与"高等教育结构"等的界定，可将"学科专业结构"界定为各类高校及其高校中具体的学科知识门类及不同学科知识门类之间的比例关系。其主要有以下四个方面内涵：①从学科专业数量和规模看，学科专业结构包括学科专业规模总量、学科专业布局、不同学科专业之间的招生和在校规模比例等。② ②从学科专业结构的不同角度看，可分为宏观、中观与微观三个层面。宏观层面是指一个国家或地区的学科专业总体结构；中观层面是指某一区域的学科专业结构的总体布局形态；微观层面是指某所高校内部的学科专业设置情况及其整体的结构形态。③从横向维度看，学科专业结构主要包括十二大学科门类、一级学科专业、二级学科专业等学科专业结构。④从纵向层次结构看，学科专业结构主要包括高职、本科和研究生层次。本研究中的学科专业结构主要涉及中观层面区域学科专业结构的总体布局形态，以及微观层面某所高校内部的学科专业设置情况，且涉及本科和研究生层次的学科专业结构，但不涉及高职层次的研究。

(二) 产业与产业结构

产业是指在社会分工背景下产生的一种社会现象，强调经济社会的物质生产部门，是生产物质产品的集合体，一般包括农业、工业、交通运输业、文化教育卫生业以及其他服务业等。产业与特定的范围相结合，便形成了区域产业。西方区域理论研究集大成者艾

---

① 参见颜泽贤《复杂系统演化论》，人民教育出版社1993年版，第94页。
② 参见王莹《新中国高等院校体育学本科专业结构论》，北京体育大学出版社2011年版，第29~30页。

德加·胡佛（Edgar Hoover）认为，区域是基于描述、分析、管理、计划或政策制定等目的而作为一个应用性整体加以考虑的一片地区。① 本研究将区域产业界定为特定行政区域内，由以相似生产工艺或技术水平的地区为市场提供同类产品或服务的相关行业所组成的业态总称，它反映了区域空间内不同生产要素之间的资源配置情况。

产业经济系统的内部构成，可以称为产业结构，它是国民经济各产业部门之间的比例关系②，主要由国家或地区的自然资源、经济制度、科技发展水平和人民生活习惯等多种因素决定，是经济、技术长期发展的结果。不同国家或地区的产业结构是不相同的，一个国家或地区在其不同的经济发展阶段、发展节点上，组成产业经济系统的产业部门往往不尽相同，各产业部门之间的联系、比例关系也不相同。

不同的产业划分方法揭示出的产业系统结构也不同。产业划分必须服务于其分析的目的和内容，在符合分析理论要求的同时，也要考虑现实的可行性。关于产业划分常见的分类有生产结构分类法、三次产业分类法、国际标准产业分类法、中国标准产业分类法等等。由于研究对象为中国的产业，所以研究中产业的分类采用中国标准产业分类——《国民经济行为分类》，即将产业划分为第一产业、第二产业和第三产业等三次产业（详见表0-1）。因此，依据中国的三次产业分类法，可将研究中的产业范围界定为第一产业、第二产业和第三产业。本研究中的产业结构主要指的是广东省域内三次产业之间的比例关系。

---

① 参见［美］艾德加·胡佛、［美］佛兰克·杰莱塔尼：《区域经济学导论》，郭万清等译，远东出版社1992年版，第6页。
② 参见宋涛《调整产业结构的理论研究》，载《当代经济研究》2002年第11期，第11～16页。

表0-1 中国标准产业分类——《国民经济行为分类》
(GB/T4754-2018年修订版)

第一产业	农、林、牧、渔业
第二产业	采矿业,制造业,电力、煤气及水生产和供应业,建筑业
第三产业	交通运输、仓储和邮政业,信息传输、计算机服务和软件业,批发和零售业,住宿和餐饮业,金融业,房地产业,租赁和商务服务业,科研、技术服务和地质勘查业,水利、环境和公共设施管理业,教育,卫生、社会保障和社会福利业,文化、体育和娱乐业,公共管理和社会组织、国际组织

(三) 适切发展

对于适切发展的界定,可先对"适切""适切性"的内涵进行分析,并在此基础上,基于本研究的具体语境,对"适切发展""高校学科专业结构与产业结构适切发展"进行阐释。有研究者从一般意义上界定了"适切"的含义,认为事物之间是相互联系的,事物之间通过相应的关系连接成一定的结构,具备某种功能。因此,张铁道认为"适切"强调的是某一事物与其所处环境中其他诸多因素的相关程度,主要有两个方面的含义:一是事物之间的联系方式,二是事物自身的特征。[①] 也有研究者从教育学语境对"适切"进行了界定,认为适切性是"教育发展与社会及个体发展的协调及契合程度"[②]。还有研究者从高等教育学语境对"适切"进行界定,认为"适切"主要强调的是高等教育的发展是否适应、切合社会经济产业发展需要,是否能够适应学生身心发展和就业需要

[①] 参见张铁道《亚洲发展中国家普及教育中的课程问题研究》(学位论文),西北师范大学1997年。

[②] 李泽宇:《我国基础教育课程改革的适切性研究》(学位论文),东北师范大学2010年。

等。① 综上所述,"适切"不仅强调一个事物对另一个事物需求的满足程度,也强调事物之间的相关程度、协调程度,以及相互适应程度,即"适切"是指某一个事物与其他相互关联因素之间的协调统一程度,不仅强调这一个事物自身内部各要素之间的协调程度,也强调该事物与其他外部因素之间的适切程度。

基于上述对"适切"不同内涵的分析,可以将本研究中的适切发展理解为一个事物与另一个事物之间的相关、协调、适应程度,即一个事物的发展是否能够适应、切合、满足另一个事物的发展需要。就高校学科专业结构与产业结构适切发展而言,这既强调高校学科专业结构内部不同学科的布局及所占比重结构、不同教育层次学科专业结构之间的相互适切,也强调高校学科专业结构与外部因素(如产业结构)之间的相互适切,即高校学科专业结构优化调整能否适应、切合区域产业结构优化升级的需要。换言之,本研究中的高校学科专业结构与产业结构适切发展,主要是强调高校学科专业结构与产业结构的契合程度、高校学科专业结构优化调整对产业结构的引领作用、高校学科专业结构对产业结构的动态调试机制。因此,本研究在探讨高校学科专业结构与产业结构适切发展时,着重从人才培养、科学研究、社会服务等方面来研究高校学科专业结构与产业结构的适切状况。

第三节 研究思路与研究方法

一、研究思路

本研究聚焦于"广东高校学科专业结构与产业结构适切发展"这一问题,遵循"一般—特殊—案例——般"的研究思路。首先,

---

① 参见申培轩《论高等教育发展的适切性》,载《武汉大学学报(哲学社会科学版)》2005年第4期,第65~69页。

本书从整体上分析了广东高校学科专业结构与产业结构的发展历史、现状与问题；其次，针对广东高校学科专业结构与产业结构适切发展存在的问题，从战略调整上分析了政府—高校层面的不同行动选择；最后，从国际借鉴角度来探讨高校学科专业结构与产业结构适切发展的策略，并针对广东高校学科专业结构与产业结构之间的问题进行策略优化。

二、研究方法

本研究主要针对广东高校学科专业结构与产业结构适切发展的历史演变、现状问题、战略选择以及策略优化等内容。因此，根据研究的实际需要，本研究采用定性与定量相结合的方法对高校学科专业结构与产业结构的适切发展进行研究。本研究中涉及的具体方法有文献分析法、比较分析法、数理统计分析法、案例研究等。

（一）文献分析法

文献分析法是一种快速、有效、经济的信息收集方法。本研究主要通过各类教育专著、论文、报告、期刊、报纸、网络等媒介，对国内外学科结构相关研究文献进行资料收集、整理、分析，了解本研究相关论题的现状及不足，为本研究的立论提供必要的支撑。其中，文献检索范围主要包括三个方面：一是近年来国内外与学科结构相关的研究成果，如学位论文、学术著作、学术论文等；二是与学科结构和产业结构相关的各种数据资料，如《中国统计年鉴》《广东统计年鉴》等；三是与研究相关的一系列政策文本等。在文献收集和整理过程中，作者力求较为全面地掌握相关资料，然后对资料进行统计、比较和内容观点分析，使收集的文献资料发挥例证支持、观点佐证、论点延伸和立论基础等作用。

（二）比较分析法

关于高等教育结构的分析，可以采用多角度、多种方法。有研究者认为建立在辩证唯物主义和历史唯物主义方法论基础上的比较分析、共时—历时分析和多因素综合分析,是科学分析并全面把握教育结构的三种有效方法。① 本研究是关于高等教育结构中学科专业结构与产业结构适切发展的研究,主要采用比较分析法,通过分析国外三所高水平大学学科专业结构与产业结构适切发展的方式与做法,为我国特别是广东高校学科专业结构与省域产业结构的适切发展提供借鉴。

(三) 数理统计分析法

数理统计是研究者有效运用数据收集与处理、多种模型与技术分析、社会调查与统计分析等,对一些社会问题,通过对数据进行的推理、对研究问题进行推断或推测,为研究或行动提供依据或建议。它包括相关性与回归分析等内容。高校学科专业结构与省域产业结构的关系研究,主要采用数理统计方法进行分析。本研究借助《中国统计年鉴》《中国教育年鉴》《中国区域经济统计年鉴》《广东统计年鉴》等相关数据,在以往研究的基础上选取各自变量的测量指标,运用数理统计分析方法中的相关分析、回归分析、协调分析等方法,通过计量统计软件对学科专业结构与产业结构之间的相关性、协调性等进行分析,进一步分析高校学科专业结构与产业结构之间的关系,并对其进行相应的预测和动态调整。

(四) 案例研究法

以广东省某所高水平理工科大学以及国外三所高水平大学为例进行案例研究,对其学科结构与产业结构适切发展的方式进行分析和总结,为省域高校学科结构与产业结构适切发展提供策略选择。

---

① 参见胡建华等《高等教育新论》,江苏教育出版社2006年版,第336页。

第一章 理论基础与分析框架

省域高校学科专业结构与产业结构之间的问题，在不同时期，会随着外界环境的变化而发生变化，主要表现在"调整"或"自我调适"上。学科专业结构与产业结构的问题本身就是一个多维度的概念，因而在理论上需要从多方面、多角度进行研究。从社会宏观方面来看，是两个不同场域，即教育（文化）场域与经济场域之间的问题的反映，因而需要借助社会变迁相关理论来分析学科专业结构与产业结构之间的演变历程。从经济学角度看，是经济结构中产业结构与高等教育中学科专业结构关系的体现。从高等教育学角度看，是高等教育内外部关系规律的体现，尤其是高等教育必须与社会发展相适应这一外部规律的反映与体现，也是高等教育与经济之间关系的反映。因此，本章主要从社会结构变迁理论与结构功能理论、产业结构调整理论、高等教育内外部关系规律等方面，对高校学科专业结构与产业结构适切发展的理论基础进行阐述。同时，依据相关的理论基础，在进一步厘清学科专业结构与产业结构两者之间关系的基础上，为研究的开展提供合理的分析框架。

第一节 研究的理论基础及适用性分析

社会大系统是由政治、经济、文化等多个子系统构成的。在社会这个大系统中，时时刻刻都发生着变迁，变迁已经渗透到社会政治、经济、文化、社会结构等的方方面面中，成为人们研究的核心问题，也是社会学研究的重要内容。从社会变迁的广义角度来看，社会变迁包含一切社会现象的变化；就社会变迁的狭义角度而言，强调的是社会结构的变化。也有研究者从生产力与生产关系的角度对其进行界定,认为社会变迁是指某一社会阶段内社会生产力与生产关系等因素之间的矛盾运动引起的社会结构或社会过程的量变或质变。① 一般而言,社会变迁被看作是社会系统中结构和功能的生成与变化过程,一切社会现象产生变化的动态过程与结果均可以归纳到社会变迁的理论范畴之中。其中,环境、经济、社会结构、科学技术、文化等均被认为是影响社会变迁的因素;社会经济、社会文化、社会制度、社会环境等的变迁被看作是社会变迁的主要内容;② 社会变迁的基础是经济变迁,社会变迁的核心是社会系统结构与功能的变迁。任何社会里都存在着因经济、政治模式不同或意识形态冲突等引起的变迁。③ 高等教育作为社会大系统中的一个系统,本质上属于社会文化的一部分。从更大的范围来看,高等教育系统的变革(包含高等教育学科专业结构变化)仍然属于社会变迁的范畴。因此,有必要探讨社会变迁的相关理论,尤其是社会变迁理论中与结构变迁相关的理论。

根据西方社会变迁理论可知,西方社会学家关于社会变迁问题的研究主要形成了以下几种流派,即以奥古斯特·孔德(Auguste Comte)、赫伯特·斯宾塞(Herbert Spencer)等为代表的进化理论,该理论从历史的角度分析社会变迁,认为社会时时刻刻发生着变迁;以彼蒂里姆·索罗金(Pitirim A. Sorokin)、阿诺德·汤恩比(Arnold J. Toynbee)等为代表的循环论学派,认为人类社会经历着发展、成熟、衰退的循环过程,人类文化或文明既可以向前发展,也可能会衰退;以卡尔·马克思(Karl H. Marx)等为代表的冲突理论,认为社会结构变迁源于社会冲突;以塔尔科特·帕森斯(Talcott Parsons)为代表的结构功能论,认为社会变迁是社会系统

---

① 参见庞树奇、范明林《普通社会学理论》,上海大学出版社2000年版,第382页。

② 参见范士陈、宋涛《社会变迁与区域开发互馈演进理论解析》,载《经济师》2008年第6期,第36页。

③ 参见[美]史蒂文·瓦戈《社会变迁》,王晓黎等译,北京大学出版社2007年版,第3页。

中各要素之间均衡关系的破坏与再恢复。这些社会变迁理论是西方社会转型时期的产物，不仅对西方社会转型与现代化有着积极的影响，而且对解释我国社会转型时期的一些社会现象也具有一定的启示意义。本研究关于高校学科专业结构与产业结构适切发展的问题，既属于高等教育方面的内容，也是社会大系统的重要组成部分，更是社会变迁的重要内容，因而需要将这些教育问题放置在社会系统这个大型场域中加以考察，以便教育研究能够得到深入、全面的展开。① 因此，在理论基础选取方面，本研究主要以马克思的社会变迁理论（即社会结构理论）和帕森斯的社会变迁理论（即结构功能主义理论）为主进行分析研究。

一、马克思的社会结构理论

（一）主要内容

对社会结构的分析是理解一切社会现象的出发点，是社会学研究的核心议题。因此，社会变迁的相关理论非常重视对社会结构的研究，如冲突理论派认为社会冲突的根源是社会的结构性特征，冲突的结果往往会引起社会结构的变迁。对社会结构进行研究，能够帮助我们进一步分析扑朔迷离的社会现象，解释社会变迁背后的深层原因。正如社会变迁理论中冲突理论流派的代表人物马克思所认为的那样，必须从生产力和生产关系的现存冲突中去解释社会结构变迁。②

马克思关于社会结构方面的理论，主要是历史唯物主义普遍性的结构变迁理论，它是马克思社会变迁理论的重要组成部分。马克思曾将自己在社会结构方面的观点归纳为"人们在自己生活的社会

---

① 参见肖毅《社会变迁理论下的霍姆斯问题法探析》，载《外国教育研究》2009年第1期，第30页。
② 参见中共中央马克思恩格斯列宁斯大林著作编译局编《马克思恩格斯选集》（第2卷），人民出版社1972年版，第195页。

生产中发生一定的、必然的、不以他们的意志为转移的关系，即同他们物质生产力的一定发展阶段相适合的生产关系。这些生产关系的总和构成社会经济结构，物质生活的生产方式制约着整个社会生活、政治生活和精神生活的过程"①。此外，他还用经济基础决定上层建筑来解释社会变迁，认为社会的基本矛盾引起社会变迁，社会变迁发生的根本原因是生产力与生产关系的统一所形成的生产方式的变更。

从变迁的动力因素看，马克思坚持经济决定论，他把人类社会看成是一个大系统中的子系统，认为社会系统是由生产力、生产关系的总和，以及上层建筑的三大层次组成的一个动态结构。经济结构起决定性作用，它是全部社会结构的基础，一旦发生变化，会直接引起其他社会结构，如文化、政治结构等的变化。②马克思在考察人类社会物质生产过程的基础上，分析了社会生产关系，认为生产力决定生产关系，生产关系反作用于生产力。即当生产关系无法满足生产力的发展需要时，二者之间就会发生冲突，冲突的结果往往会引起社会变迁。由此可见，经济在社会变迁中起决定性作用，生产力发展是变迁的根本原因，阶级冲突是引起变迁的直接动力。

从社会变迁机制看，马克思认为社会变迁是自然历史过程与主体活动过程的辩证统一，并将社会变迁的根源归纳为生产力发展与生产关系的矛盾运动，认为社会变迁具有一致性和冲突性，即社会变迁普遍存在于每一个社会中，任何一个社会都无时无刻不在发生着变迁；社会冲突也普遍存在于社会中，每个社会每时每刻都在经历着冲突；社会中每个要素都对社会变迁产生着积极的作用。因此，可以这样来形容马克思的社会变迁机制，即生产力的发展—人与物的分离—人与人的分化—冲突—变迁。

---

① 中共中央马克思恩格斯列宁斯大林著作编译局编《马克思恩格斯选集》（第2卷），人民出版社1972年版，第194页。
② 参见中共中央马克思恩格斯列宁斯大林著作编译局编《马克思恩格斯选集》（第2卷），人民出版社1972年版，第194页。

（二）适用性分析

马克思的社会结构变迁理论认为，社会的发展变化遵循着一定的规律，引起社会发生变迁的根本原因是社会生产力与社会生产关系之间的矛盾，即社会生产方式的矛盾运动造成了社会政治、经济、文化等的持续变化，进而促使社会结构发生变迁。换言之，经济因素是社会结构变迁的重要因素。① 高校学科专业结构作为高等教育结构的重要组成部分，是社会大系统中文化系统的重要内容，其发展变化会受到社会结构中经济因素（尤其是产业）的影响与制约。而产业结构作为社会大系统中经济系统的重要组成部分，是高等教育的外部社会系统，其变化会引起高校学科专业结构的变化。

根据马克思的社会结构变迁理论，人类社会发展至今，经历了四个不同的阶段，即渔猎社会阶段、农业阶段、工业社会阶段，以及信息社会阶段。不同的社会阶段产生了不同的产业结构，并且需要不同类型的人才结构。如现阶段是信息社会阶段，生产力发展促使经济结构产生了内部分化，从而形成不同的新产业，如信息服务业、知识经济产业等主导产业，进而引起产业结构变化。同时，产业结构变化影响就业结构的变化，不同就业结构需要高校培养不同类型的人才，而高校是培养人才的重要场所，其人才培养结构受到高校学科专业结构的影响。因此，我们可以这样理解社会结构变迁与学科专业结构和产业结构之间的关系，即"生产力发展与提高→经济结构变化→产业结构调整→就业结构变化→人才结构变化→学科专业结构调整"。

由此可见，高校学科专业结构（社会文化）与产业结构（社会经济）作为社会变迁的重要内容，其结构的变化易受到社会结构变迁的影响。因此，可以用马克思社会结构变迁理论作为研究高校

---

① 参见黄陵东《西方经典社会变迁理论及其本土启示》，载《东南学术》2003年第6期，第74页。

学科专业结构与产业结构演进历程的重要理论基础。

二、帕森斯的结构功能主义理论

结构功能主义理论最早可以追溯到19世纪的"社会有机论"思想，即孔德提出的社会有机体的结构、组织、器官等概念，以及其所提倡的运用科学方法进行社会研究。后来，斯宾塞进一步阐述了功能主义的基本概念，如整体与系统的概念、结构与功能的概念等。在其基础上，爱弥尔·涂尔干（Émile Durkheim）提出了功能主义分析的方法，即在研究社会现象或者研究社会问题时，要先解释原因，再进一步分析功能，注重社会的系统性。后来，阿尔弗雷德·拉德克利夫-布朗（Alfred Radcliffe-Brown）、马林诺夫斯基（Malinowski）等分别提出了功能普遍性假设、功能不可缺少性假设和功能统一性假设等，为后来的结构功能主义三大假设奠定了基础。[①] 最后，美国社会学家帕森斯对前人的理论进行了吸收与借鉴，在继承早期功能主义理论的基础上，进一步综合了涂尔干的社会整合论、韦伯的社会行动论、维尔弗雷多·帕累托（Vilfredo Pareto）的社会均衡论等理论的主要思想，并采用系统论创始人贝塔朗菲的研究框架作为研究范式，试图构建一个跨部门的概念框架，最终提出了结构功能主义这一概念。[②] 后来，其学生罗伯特·莫顿（Robert K. Merton）进一步发展了结构功能主义理论，提出了结构功能的分析机理。

（一）主要内容

帕森斯的结构功能主义理论的核心是"社会行动"和"社会系统"。其中，社会行动是其理论研究的主要出发点，即在研究时

[①] 参见［美］侨纳森·特纳《社会学理论的结构》，邱泽奇等译，华夏出版社2001年版，第35页。
[②] 参见朱立新《结构功能理论视野下全民健身体系研究》（学位论文），北京体育大学2012年。

不仅要关注行动背后行动者的动机、能力和精力,更要关注决定一项行动目的和方向的社会价值与规范。任何一项社会行动都包括行动主体(行动者)、情景、主观意义、规范准则和价值观等要素。换言之,人类的任何一项社会行动都具有系统的特征。在此意义上,帕森斯在研究时将社会行动与社会系统二者结合起来,并运用结构功能的方法对二者进行分析。一方面,帕森斯从社会系统的角度进一步诠释社会行动结构,即一切社会行动都包括行为有机体、人格、社会、文化四个子系统。其中,有机体即生理体系,人格即社会行动的动机和需要倾向,社会是指社会行动的角色和集体,文化则强调价值取向。另一方面,他从社会行动的角度来界定社会系统,以社会系统为对象进行重点分析,认为社会系统存在于自然环境或社会环境中,由众多彼此间相互联系但各不相同的个体行动者组成;社会系统中行动者的价值取向是实现"快乐的最大化",这与其所处的环境有着密切的联系。

除此以外,帕森斯也对社会结构与功能进行了论述。他认为功能具有核心概念的地位,是在一定社会结构下社会各种要素存在的目的,而社会中各个要素及其组织结构因为功能而存在,是通过功能表达其意义、体现其价值的,社会结构的最终作用都体现在其功能上。在此基础上,帕森斯采用横向功能对社会系统进行分析,将社会系统归结为适应(adaption)、目的达成(goal attainment)、整合(integration)和模式维护(latency pattern maintenance)四项基本功能。其中,适应功能强调的是社会系统能够适应外部环境并且获得系统所需的资源目标;目的达成功能是指社会系统能够调动资源以实现系统的目标;整合功能强调的是将系统各部分协调统一、相互配合,共同促使系统整体功能的有效发挥;模式维护功能则强调系统应该保持价值体现的稳定,使其行动能够按照一定的规范与秩序进行。这四项基本功能及各自所对应的经济(适应环境的功能)、政治(目的达成功能)、社会共同体(整合功能)、文化(模式维护功能)等四个不同社会系统构成了著名的"AGIL 功能模式",强调社会系统以一个整体、均衡、自我调适的样态维持着社会运转的自然秩序。

(二) 适用性分析

结构功能主义理论为高等教育研究提供了一种可参考的社会系统分析方法和视角。任何社会都是政治、经济、文化以及社会生活等有机统一的动态系统,通过不断调整其自身结构而适应周围环境的变化,并通过社会大系统中各社会子系统之间的相互联系来实现社会大系统的协调发展。高校学科专业结构作为高等教育结构的重要组成部分,实际上也是社会大系统中的子系统,其与社会大系统中经济这个子系统中的产业结构之间是一个有机统一的动态关系。当产业结构发生变化时,高校学科专业结构会通过自身的调整来适应其变化,从而共同推动高等教育与经济之间的协调发展。

一般而言,结构是功能发挥的基础,功能是结构的表现,有什么样的高校专业学科结构,就有什么样的功能。高校学科专业结构要发挥什么样的功能,就决定了它需要什么样的结构。优化合理的高校学科专业结构,其功能可以得到正常发挥,不仅能够培养出社会需要的人才,而且能适应并引领产业结构的转型升级;优化不合理的高校学科专业结构,培养出来的人才结构与社会、经济、产业等需求变化相脱节,会导致人才的浪费,引发就业问题,进而影响学科专业结构功能,甚至高等教育社会功能的有效发挥,更无法推动产业结构的转型升级。因此,在高校学科专业结构与省域产业结构的研究中,既要横向分析高校学科专业结构与社会大环境中其他系统之间的关系,也要纵向分析其与整个高校学科专业结构系统之间的联系。从横向来看,高校学科专业结构作为高等教育科类结构中的一部分,其与高等教育的层次结构、布局结构、形式结构等一起,与社会经济发展等外部因素相互联系、相互影响、相互制约。从纵向看,一方面,省域高校学科专业结构是国家高等教育学科结构的有机组成部分;另一方面,各区域高校学科专业结构、各高校学科专业结构共同组成了省域高等教育学科专业结构。因此，高校学科专业结构除了受国家学科专业结构优化调整的影响外，也受省域高校学科专业结构优化调整政策的影响。学科专业结构的优化调整要考虑两个潜在逻辑：一是高等教育内外部关系的规律，即高等教育与社会经济发展相适应；二是学科自身发展逻辑，如学科发展规律、学科结构演进规律等。在这两个逻辑基础上，高校学科专业结构优化的目标表现为两点：一是使高校学科专业结构满足经济、社会、产业发展需要。也就是说，高校学科专业结构要在省域社会、经济发展方面起到一定的促进作用，为省域产业结构优化升级、社会发展提供必要的人才支持和智力资源，使学科专业结构在功能上能够适应、引领并推动省域产业发展及产业结构的优化升级。二是在遵循学科发展规律的基础上，对学科专业结构进行优化调整，使高校资源得到优化配置，从而促进学科的发展。也就是说，高校学科专业结构调整在遵循学科发展规律的基础上，依据高校自身条件和学科基础，充分利用各种资源，促进学科合理发展，即学科专业结构在功能上要实现资源的合理配置。

综上所述，我们既要从社会大系统背景下分析省域产业结构转型升级对省域高校学科专业结构调整的影响和需求，也要从高等教育这个社会子系统与社会其他子系统（如经济）之间的关系出发，分析高校学科专业结构与产业结构之间的关系及其互动机理。本研究在分析二者适切发展现状与问题的基础上，依据帕森斯的行动理论，从政府层面的战略选择、高校层面的行动选择，以及借鉴国外经验三个方面，为高校学科专业结构与省域产业结构适切发展的策略优化提供理论指导。

三、产业结构理论

（一）主要内容

西方产业结构理论作为指导各国产业发展和调整的主导理论，

包括产业布局比较优势理论、产业结构调整理论和产业结构演变趋势理论等。① 具体而言，一是产业结构布局比较优势理论。该理论主要包括英国古典政治经济学家亚当·斯密（Adam Smith）的绝对比较优势理论、大卫·李嘉图（David Ricardo）针对绝对优势理论无法解释实践中的分工问题而提出的相对比较优势理论，以及瑞典经济学家伯尔蒂尔·俄林（Beltil G. Ohlin）提出的生产要素比率理论等。最后，阿尔伯特·赫希曼（Albert O. Hirschman）等人进一步发展了比较优势理论，认为应该承认经济发展过程中的不平衡的客观性基础，主张遵循并利用这种不平衡发展规律，依据区域实际情况，有区别、有重点地选择不平衡发展战略。二是产业结构调整理论。该理论中影响较大的是美国经济学家华尔特·罗斯托（Walt W. Rostow）的主导产业理论、赫希曼的产业关联理论等。其中，罗斯托认为在任何特定时期，国民经济不同部门的增长率都存在着广泛的差异；区域经济增长往往是由数个主导产业部门的高度发展而带动起来的。他将经济成长划分为传统社会、为起飞创造前提、起飞、成熟、高额群众消费、追求生活质量等六个阶段，认为不同阶段有着不同的主导产业部门，任何国家都要经历由低级向高级的发展过程。罗斯托的主导产业理论指出了主导产业对区域经济增长的引领带动作用，正确选择和扶持发展主导产业，是实现区域经济发展的重要前提条件。赫希曼则从产业关联的角度进行了阐释，即认为产业关联在本质上是社会生产中不同部门之间和不同行业之间的技术结构及产品的需求结构，是社会生产力发展的一种空间结构状态。某一产业与其他产业有较强的关联效应，则该产业的率先发展可以辐射和扩散到其他区域，从而带动整个区域的产业发展。三是产业结构演变趋势理论。该理论重在揭示产业结构演进规律，主要有配第－克拉克定理、霍夫曼比率、库兹涅茨的综合分析理论以

---

① 参见肖文韬《产业结构协调理论综述》，载《武汉理工大学学报》2003 年第 6 期，第 153～154 页。

及钱纳的标准结构理论等。其中,配第-克拉克定理主要对经济发展中劳动力在三次产业间分布结构的演变趋势进行了描述,认为不同产业间相对收入的差异引起了劳动力结构的变化。西蒙·库兹涅茨(Simon S. Kuznets)认为不同产业劳动力比重变化受国民收入的影响。具体而言,就是随着国民收入的不断变化,农业劳动力相对比重呈现出下降趋势,工业和服务业的劳动力相对比重整体上呈现出上升趋势。沃尔特·霍夫曼(Waltber G. Hoffmann)和霍利斯·钱纳里(Hollis B. Chenery)分别对三大产业部门中的工业演进进行了分析。其中,霍夫曼依照其建立的比例,将一个国家的工业化进程划分为四个阶段(详见表1-1);美国经济学家和统计学家钱纳里则采用库兹涅茨的统计归纳法,对产业结构变动的一般演进趋势进行了更为深入的研究,概括了外向型、中间型和内向型三种不同的工业化标准模式。

表1-1 霍夫曼工业化阶段指数[①]

工业化的不同阶段	霍夫曼比率/%
工业化的第一阶段	4~6
工业化的第二阶段	1.5~3.5
工业化的第三阶段	0.5~1.5
工业化的第四阶段	1以下

(二)适用性分析

产业结构理论为产业转型升级和产业结构调整提供了理论基础,也为高校学科专业结构的优化调整提供了启示。一是产业结构理论中的产业布局比较优势理论认为,受经济水平、地理位置、资源、科技水平等因素的影响,每个区域都有自己的比较优势,不同

[①] 原毅军、董琨:《产业结构的变动与优化:理论解释和定量分析》,大连理工大学出版社2008年版,第46页。

区域可能会形成不同的产业结构，以及不同的主导产业。因此，一个区域应该在发展相对优势产业的同时，兼顾产业转型升级，培育和发展代表着先进产业发展方向的战略新兴产业。比较优势的发展和主导产业的更替为产业结构调整和转型升级指明了方向，同时也为区域高校优势学科的形成和发展提供了良好的机遇。就广东省而言，不同时期、不同地区的优势产业是不同的，这些不同的优势产业需要不同的人才结构，而人才结构需求的不同则要求高校有不同的学科专业结构。因此，可以说，广东不同的优势产业为广东不同高校学科专业结构优化调整提供了依据，即高校学科专业结构优化调整应该与区域产业结构转型升级相适应。二是产业结构调整理论为区域产业结构的调整提供了理论依据。区域的经济增长往往是由数个主导产业部门的高度发展带动起来的，因此，区域产业的发展在重视优势产业的同时，也要重视主导产业的作用。通过扶持与主导产业相关的高校学科发展，可以培育和发展一些适应战略新兴主导产业需要的学科，进而推动高校学科专业结构与主导产业之间的适切发展。目前，广东省实施的高水平理工科大学建设，就是高校学科专业结构与区域产业结构适切发展的一个战略选择，即广东省高水平理工大学重点发展的机械工程、智能制造、电子信息技术等学科，实际上就是与广东发展的主导产业（如智能制造业等）相适应的学科。三是产业结构理论中的演变趋势理论。合理的产业结构水平，有利于保障经济的高质量增长；不合理的产业结构，不仅无法很好地满足社会需求，还会使国民经济的产出结构与居民的实际需求结构出现脱节或错位。因此，需要通过不断调整、转换和升级产业结构，使其适应经济发展对产业结构的要求，从而促进经济的增长。与此同时，在产业结构的演变中，对于人才结构的需求也会发生变化，需要高校培养出与其演进相适应的人才结构。因此，产业结构演变在一定程度上能推动高校学科专业结构优化调整。总之，产业结构优化调整影响着区域高校学科专业结构的调整和优化。高校学科专业结构在优化调整时应考虑区域产业结构，同时也要考虑区域的产业优势,在发展区域产业转型升级所需的学科专业时,也应重视发展优势学科,培育和发展一些适应战略新兴产业需要的学科专业。从这个意义上来说,产业结构理论也是本研究中重要的理论基础。

四、高等教育内外部关系规律

(一) 主要内容

20世纪80年代,潘懋元教授总结并提出了教育内部关系与外部关系的两个基本规律(即"教育内外部关系规律理论")。具体而言,教育内部关系规律,指的是教育要受到教育对象身心发展以及个性特征的影响,同时也要受到各教育要素之间关系的影响。[①] 教育外部关系规律,指的是教育受社会、经济、政治、文化等的制约,并对社会、经济、政治、文化等的发展起作用。教育内外部规律的关系为:教育内部规律受教育外部规律的制约,教育外部规律通过内部规律来实现。两条规律同时作用于教育,构成教育发展必须遵循的内外部逻辑。

具体到高等教育而言,在提出教育内外部关系规律的基础上,潘懋元教授将教育内外部关系规律运用在高等教育中,即我们现在所说的高等教育内外部关系规律。就高等教育内部规律而言,高等教育作为教育系统的子系统,其在运行过程中同样遵循着教育内部关系规律,即高等教育受教育对象的身心发展以及个性特征的影响,同时也受到各教育要素之间关系的影响。换言之,高等教育一方面要受制于高等教育对象身心成长的规律和特点,另一方面又要对受教育对象的发展起作用。[②] 高等教育外部关系规律则表述为:"高等教育必须与社会发展相适应"[③],既强调高等教育受社会各子

[①] 参见潘懋元《新编高等教育学》,北京师范大学出版社2004年版,第13页。
[②] 参见刘六生《省域高等教育结构调整研究——以云南省为例》(学位论文),辽宁师范大学2011年。
[③] 参见潘懋元《教育外部关系规律辨析》,载《厦门大学学报(哲学社会科学版)》1990年第2期,第4~5页。

系统的制约,又强调高等教育要服务于社会发展的需要。同时,高等教育外部关系规律的运用需要把握"要全面适应不要片面适应"和"要主动适应不要被动适应"这两个原则。①"教育要全面适应不要片面适应"强调的是生产力与科技发展水平、社会制度、文化传统等制约教育的外部因素之间是密切联系、相互制约的,因此,教育的适应要强调全面适应,不能片面地适应某一个因素而忽视其他因素。"教育要主动适应不能被动适应"强调的是教育要主动适应经济社会的发展,尤其是对积极面的主动适应。

20世纪90年代,一些学者进一步丰富、发展了高等教育外部关系规律的相关思想。有学者从"适应论"角度提出区域高等教育对社会需求的适应是全面适应而非片面适应,是主动适应而非被动适应,其中全面适应包括结构的适应。② 也有学者认为,我国高等教育产生于社会需要,适应是永恒的主旋律;高等教育已由早期被动适应社会尤其是政治需要过渡到主动满足社会需要的阶段,正进入积极引领区域社会发展与变革的新时代,已演化为高度文明且成熟的理性组织。③ 因此,正确认识高等教育与社会发展需求之间的"适应"关系,有助于我们更好地把握高等教育外部关系规律。

(二) 适用性分析

本研究以高校学科专业结构与产业结构适切发展为研究对象,在探讨学科专业结构变化的同时,还要考虑高等教育系统内外部各种错综复杂因素的影响,尤其是高等教育外部环境,如政治、经济等因素的影响。其中,政治因素强调的是作为高校学科专业结构变革的主要动力主体之一的国家或政府,通过决策或政策对高校学科

---

① 参见潘懋元《教育外部关系规律辨析》,载《厦门大学学报(哲社版)》1990年第2期,第4~5页。
② 参见陈新忠、董泽芳《高等教育规律"三分法"探析》,载《江苏高教》2008年第2期,第20页。
③ 参见眭依凡《理性地捍卫大学:高等教育理论的责任》,载《清华大学教育研究》2010年第1期,第19页。

专业结构变化产生直接或间接的作用与影响。主要表现在两个方面：一方面，是政府部门通过宏观调控来直接、强制性地干预和影响高校学科的设置和发展，如国家统一提出学科专业目录等；另一方面，是国家或政府通过经费或政策的扶持对一些学科进行优先发展和重点支持，如我国的重点学科评选等政策的实施，就是通过国家或政府政策导向来加强某些学科的发展。经济因素方面，在影响高校学科专业结构变化的诸多因素中，经济因素是决定性的。当前，广东正处在经济转型时期，其经济发展方式正在向创新驱动阶段转变，产业结构和技术结构正进行战略性调整，这必然会影响高校学科专业结构的调整。因此，把握社会产业需要是衡量学科专业结构变化方向正确与否的重要标准。如果学科专业结构合理，与产业结构相适应，那么就能够培养出社会需要的人才，进而推动社会经济的发展。如果学科专业结构变化与经济产业结构变化相脱节，培养出来的人才无法满足社会需要，那么就会造成大量人才的浪费，出现就业问题，甚至影响高等教育社会功能的发挥。

总之，高校作为高等教育系统的重要组成部分，其处于社会这个大系统中，与其他社会子系统之间相互区别又相互联系、相互制约。经济是高等教育发展的物质保障，决定高等教育发展的速度、规模和结构。经济系统中的产业结构影响了高等教育学科专业结构的发展，因而在高校学科专业结构调整中，既要遵循高等教育内部关系规律，在优化调整学科专业结构时要尽量考虑受教育者自身的成长规律和发展要求；也要遵循高等教育外部关系规律，使高校学科专业结构优化调整与地方社会经济产业发展相适应，引领地方产业发展，推动产业结构优化升级。运用高等教育内外部规律研究分析高校学科专业结构与产业结构之间的问题时，一方面，要考虑高等教育通过人才培养来影响就业结构，即高校要能够培养产业发展需要的人才。如果人才培养结构与就业结构相适应，就能够促进产业结构优化发展；如果人才培养结构与就业结构不相适应，就会在一定程度上阻碍产业结构优化调整。而人才结构主要受高校学科专业结构的影响，高等教育通过学科专业结构调整影响人才培养结构，进而影响就业结构，对产业结构调整发挥作用。同时，高校也可以通过科学研究为企业提供技术或科研上的服务，企业通过成果转化，进行技术创新或技术吸收，进而影响产业结构调整。另一方面，要考虑高等教育外部规律，即要求高等教育的发展要适应经济、产业发展的需要。换言之，高等教育适应经济发展需要主要体现在学科专业的设置，即通过学科专业设置培养出经济产业需要的人才，进而影响产业结构的变化。（如图1-1所示）

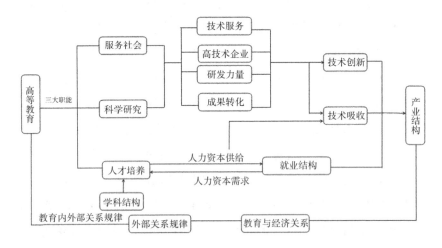

图1-1 高等教育内外部关系规律与学科结构、产业结构之间的关系

第二节 高校学科专业结构与产业结构适切发展的分析框架

美国社会学家帕森斯认为，任何社会现象都可以被看作一个系统，系统内部结构由无数层次的子系统构成。高等教育作为一个系统，其内部结构由无数层次的子系统构成。因此，高等教育的发展过程实质就是高等教育内部结构不断分化、高等教育功能不断扩充的过程。高等教育作为维持社会系统稳定和发展的一个子系统，其

结构的变化是与社会结构相适应的。也就是说，高等教育结构的变化往往体现了社会政治结构和经济结构对其要求的变化。而学科专业结构作为高等教育结构中的一部分，其发展变化也体现了经济结构中产业结构变化对其要求的变化。因此，以学科专业结构为突破点，研究其与省域产业结构的适切发展状况，是在建设广东省高水平理工科大学的过程中需要思考和解决的重大问题。在前文分析了本研究的理论基础的前提下，本节从高校学科专业结构与产业结构二者之间的互动关系、互动机理等方面来探讨高校学科专业结构与产业结构适切发展的相关理论，并结合前文理论基础，构建本研究的分析框架。

一、高校学科专业结构与产业结构的关系

从世界范围看，高校学科专业结构与产业结构之间的关系并非一蹴而就、一成不变的，它随着社会、经济、产业等的发展变化而逐渐变化。高校学科专业结构与产业结构之间的关系，由中世纪初期的相对独立，发展到两次工业革命时的逐渐产生联系，以及"二战"后的主动适应，再到后来的引领、超前引领等。

第一阶段：从中世纪大学的产生到16世纪。这一阶段大学学科专业结构比较单一，主要有神学、文学、法学和医学四科，这些学科主要关注人的自身发展，与该时期以农业为主的产业结构之间互动较少，彼此之间具有相对的独立性。这一时期的高校，如博洛尼亚大学主要开设法律，是以法律为主的单科大学；萨莱诺大学以医学为主；巴黎大学以神学为主；等等。从学科分类上看，它们均属于学科门类意义上的单科性大学。直到1200年，神学、文学、法学和医学四科才作为教学内容同时出现在巴黎大学，使其成为当时科目最齐全的大学。在这之后，大学在学科设置上一般都会开设文学、法学、医学和神学四科，高校学科专业结构呈现出以文学、法学、医学、神学为主的特点。其中，神学为四科之首，其目的是培养有学问的神职人员。而同一时期西方的经济主要以农业为主，

虽然一些地方工商业得到了一定的发展，但仍旧没有摆脱手工业的范围，产业结构仍然是以农业等为主。这一时期的一些高校虽开设了医学和法律等学科专业，但这些学科专业的开设更多是服务社会中人们的生活需要，与产业发展并无太大关系。因此，从总体来看，这一时期的高校学科专业结构比较单一，且多与人自身的发展密切相关，与该时期以农业、手工业为主的产业结构联系不大，呈现出相对独立的特点。

第二阶段：17世纪到19世纪中期。这一时期的学科专业开始进一步分化，理、工、农等学科因工业革命而产生、发展。同时，西方各国重视科学技术的发展，在不断借鉴其他国家科技成果的基础上发展本国的科学技术，促使西方科学技术在整体上突飞猛进。18世纪后半期英国工业革命后，西方其他国家相继走上了工业化的道路。以蒸汽机的发明与应用为主的工业革命，在促进棉纺织业发展的同时，又推动了一系列机器的发明与应用，推动了机器制造业、交通运输业、采矿业等的发展，促进了商业繁荣和城市化进程的发展，提高了工业产值。随着社会变革与经济发展变化，及其对人才需求的新要求，一些国家的高校开始被动调整学科专业结构，培养能够满足产业需求的实用技术人才。如英国19世纪成立的伦敦大学（1826年创办），不仅取消了神学系，设立了理学系和工学系，而且开设了一些能够满足社会经济发展需要的学科专业和课程（如自然科学和技术工科等课程），推动了英国城市大学的发展及学科的分化。① 正如埃里克·阿什比（Eric Ashby）所言，"伦敦大学的建立标志着科学革命最终开始进入英国高等教育之中"②。在法国，随着工业化的发展，高等教育出现了新变化。一方面，原有高校中学科专业设置开始进行调整，以迎合工业化的需求；另一方

---

① 参见黄福涛《外国教育史》，上海教育出版社2008年版，第105页。
② Eric Ashby. *Technology and the academics: an essay on universities and the scientific revolution*. London: Macmillan, 1958: 9.

面，涌现出一些新的高等教育机构，如1747年建立的土木工程学院，1794年创办的公共工程中心（后更名为巴黎理工学校）等新兴学校。这些新兴的高等教育机构大多是理学院或工学院，大量开设化学、电学和机械等工科课程，注重吸收自然科学研究的最新成果以便为工业发展服务，注重培养社会所需要的军工、交通、采矿、造船和测量等部门的技术人才等。在美国，这一阶段也出现了一些专门的工科院校。如美国第一所专门技术学院——伦塞勒理工学院（1824年创办）[①]，设有建筑、采矿、民用工程等工学专业。此外，这一阶段美国的其他大学也开始设立工学系或开设相关专业，如达特默斯学院于1851年开始设立工学系，宾夕法尼亚大学于1855年开设工艺与制造、矿物系等。

这一时期，随着中世纪大学的逐渐衰落、教会势力的削弱及民族国家的崛起，大学逐渐走向世俗化，它与国家的关系变得日益密切，教育权力也开始从教会向国家转移。在一些欧洲国家的高等教育体系中，神学已经丧失了其唯一的、对大学课程有重要影响的作用，高等教育的民族化推动了高等教育的世俗化，大学在课程设置方面开始重视民族国家和地方经济社会发展的利益。高校学科专业结构与产业结构之间的相互独立关系开始得到改善。一些新兴院校的兴起，在推动工程技术学科、农学、理学等学科专业发展的同时，也为西方社会向工业社会的转型以及产业结构的变化提供了所需的大量人才。因此，这一时期高校学科专业结构与产业结构之间逐步产生了联系，且高校学科专业结构开始被动适应产业结构的发展需要。

第三阶段：19世纪下半叶到20世纪中叶。这一时期，西方国家相继完成了第二次工业革命，一些新兴大学开始出现，并主动适应社会的发展需要，高校学科专业结构与产业结构之间的联系更加

---

① 参见迟恩莲、曲恒昌《中外教育改革的指导思想与对策》，北京师范大学出版社1996年版，第10页。

紧密，高校学科专业结构开始主动适应产业结构的发展需要。就英国而言，这一时期，随着工业化程度的进一步发展，高等教育发生了新变化，主要标志是以功利主义为原则的城市学院的兴起，它注重与社会生产密切相关的科技教育，重视高等教育的实用性。如1851年成立的欧文斯学院，通过开设数学、力学、工程学、建筑学、化学等实用课程来培养能够满足经济发展所需要的应用型人才。与此同时，一些新兴高校也十分注重与地方工业、企业之间的联系，在学科专业设置方面，主动适应工业、企业发展需要。例如，约克郡学院1891年成立的皮革系便十分重视与企业的联系和合作，这使得该学院成为皮革工业的研究基地。① 于1900年获得特许状的伯明翰大学也十分注重与社会的联系，主动适应并服务于社会需要。正如英国学者阿米蒂奇（W. H. G. Armytage）所指出的，"当它在为当地的两百万居民服务时，伯明翰大学成了科学文化服务站的典范"②。就美国而言，这一时期，随着美国南北战争的结束，国内环境比较安定，经济开始进入飞速发展时期。1884年，美国工业产值首次超过农业，标志着美国跨入工业化国家行列。同一时期，美国的高等教育也发生了新变化，更加强调高等教育的实用性。赠地学院运动的兴起，标志着美国高等教育开始主动适应社会经济的发展需要。这一时期，赠地学院在学科专业设置上主要依据相应产业（如农业、制造业、建筑业等）的需要，以农学、工艺学科、机械制造、生物学等与农业现代化和工业发展相关的应用学科专业为主，这些学科专业快速适应了工业发展及农业领域的工业化进程，加强了高校学科专业结构与产业结构之间的联系。③

第四阶段：从20世纪中叶开始至今。这一时期，随着"二战"

---

① 参见易红郡《19世纪科学主义与英国高等科技教育的发展》，载《现代大学教育》2009年第5期，第35～36页。
② Armytage. *Civic universities: aspects of a British tradition*. London: Ernest Benn Limited, 1955: 247.
③ 参见李战国、谢仁业《美国高校学科专业结构与产业结构互动关系研究》，载《中国高教研究》2011年第7期，第47～48页。

的结束，西方各国经济得以恢复与发展，产业结构也发生了新的变化：农业和工业所占比重持续下降，第三产业中服务业和高新技术产业呈增长趋势。产业结构发生变化的同时，对人才也提出了新要求，影响着高校学科专业结构的调整与变化。在第三次科技革命浪潮的推动下，高校学科专业结构呈现出综合化趋势，主要表现在两方面：一方面，在学科设置上更加重视理工科的发展；另一方面，开始注重人文教育和通识教育。在高校学科门类不断增多的同时，学科间交叉、渗透日益增强，这使得在原有学科的基础上又产生了新学科，进一步适应并引领产业结构的优化升级。由此可见，"二战"结束以后，随着高校逐步走进社会的中心地带，且与社会发展密切发展，这一时期高校学科专业结构优化调整呈现出适应和引领产业发展的特点。

综上所述，高校学科专业结构与产业结构二者之间经历了相对隔离、逐渐联系、被动适应、主动适应、超前引领的演变过程。研究中所涉及的二者之间的关系，即高校学科专业结构与产业结构之间相互适应的关系，强调高校学科专业结构调整应与国家或区域经济、产业、社会发展相适应并适度引领。

二、高校学科专业结构与产业结构的互动机理

依据高校学科专业结构与产业结构关系的演变历程（如图1-2所示）可知，二者之间具有一定的互动性，即产业结构的演进能够引起人员就业结构的变化，进而影响人才培养结构的变化，而人才培养结构又取决于高校学科专业结构。因此，产业结构的变化在一定程度上能够促进高校学科专业结构的调整，而学科专业结构影响着高校人才培养的规格和类型结构，又会在一定程度上推动产业结构的优化升级。依据供需理论，高校学科专业结构对产业结构的影响主要体现在人力资本的供给结构上，即高校学科专业结构通过人力资本供给结构，对产业结构的优化升级产生促进或阻碍的作用。产业结构对高校学科专业结构的影响则主要体现在对各类人才

的需求上，即产业结构通过社会经济各部门对各类人才的需求，引发高校学科专业结构的变化与调整。因此，高校学科专业结构与产业结构间存在着相互影响、相互制约的一种内在的激励、制约、调节机制。①

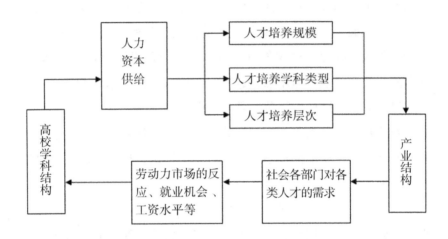

图1-2 高校学科专业结构与产业结构关系的演变历程

（一）高校学科专业结构对产业结构的影响

高校学科专业结构对产业结构的影响主要体现在三个方面：一是高校学科专业结构对产业结构的适应性；二是高校学科专业结构对产业结构的引领作用；三是高校学科专业结构对产业结构的动态调适机制。

1. 高校学科专业结构对产业结构的适应性

根据人力资本的相关理论，人是生产要素中最活跃的因素，尤其是与产业结构相匹配的人力资本结构和类型，人的素质得到提高，人才类型培养完善，才能够适应产业发展的需要。因此，可以从人力资本（人才结构）这一维度探讨高校学科专业结构对产业结

---

① 参见胡德鑫、王漫《高等教育学科结构与产业结构的协调性研究》，载《高教探索》2016年第8期，第42～49页。

构的适应性。人力资本是连接学科专业结构和产业结构这两个维度的纽带，有什么样的学科专业结构就有什么样的人才结构与之相对应。高校学科专业结构可以通过人力资本供给来适应产业发展需要。一方面，高校学科专业通过人才培养的规模和层次来适应产业结构的需要。就人才培养规模而言，发展过快或过慢都无法适应产业发展需要：发展过快，容易产生超过产业需要的人才量，造成资源浪费；发展过慢，无法满足产业结构对人才的需求量，造成社会经济发展动力不足。因此，只有当高校各学科专业培养的人才规模与产业结构对人才的需求相一致时，学科专业结构才能适应产业的发展。另一方面，高校学科专业结构通过人才培养的层次来适应产业结构的发展需要。高校人才培养的层次主要有专科、本科和研究生。随着产业结构趋向高级化，其对人才培养层次有着更高的要求。尤其是一些新兴的高新技术产业，需要加强高素质创新型科技人才（如高水平本科生、研究生等）的供给。因此，高校可以将不同学科专业培养的不同层次类型的人才输送到社会，以满足产业发展对人才的需求，进而增强高校学科专业结构对产业结构的适应性。

2. 高校学科专业结构对产业结构的引领作用

高等教育作为社会大系统中的子系统，就其与社会的关系而言，高等教育的发展与社会之间密切相关，主要体现在适应、引领社会变革层面。一方面，社会发展会对高等教育提出新需求，要求高等教育适应这种变革；另一方面，高等教育的发展在一定程度上能够促使社会变革，即高等教育发展可能引起社会变革，要主动、自觉地引领社会变革。① 体现在高校学科专业结构上，即高校学科专业结构与社会大系统中其他子系统（如经济产业等）之间也有着密切的联系，因此，高校学科专业结构不仅要适应产业结构的变革

---

① 参见卢晓中《社会变革视野下高等教育发展理论创新》，载《高等教育研究》2011年第10期，第21页。

需要，还要能够在一定程度上推动产业结构变革，引领产业结构优化升级。

高校学科专业结构对产业结构的引领作用体现在科学研究中，即通过一定的科学研究，促进学科向跨学科、交叉学科、新兴学科等方向发展，进而引领产业发展与产业结构的优化调整。随着社会发展、知识和科学技术的进步，知识与经济、产业、社会之间的联系愈发紧密，因而也出现了一些复杂的、综合的、无法凭某一门独立学科解决的难题，这对学科的综合性提出了新要求，促使学科交叉与融合现象的出现。学科交叉融合发展有利于新兴学科的产生，正如路甬祥院士的观点，学科交叉点往往就是新的科学生长点、新的科学前沿，这里最有可能产生重大科学突破，使科学发生革命性变化。① 通过跨学科、学科交叉发展而形成的新学科或学科方向，不仅能够在一定程度上优化学科专业结构，还能够引领新兴产业的发展，进而推动产业结构优化升级。

高校学科专业结构对产业结构的引领作用也体现在人才培养方面，即高校通过优化调整学科专业结构来影响人才培养结构，进而推动、引领产业结构的优化升级。现代高等教育的一项重要社会功能就是引领经济社会发展，具体来说，高校通过为经济社会提供人才支撑、发展科学及直接为经济社会服务，促进经济社会结构尤其是产业结构的转型升级。② 因此，高校在优化调整学科专业结构的同时，应该改革人才培养模式，强化以创新素质培养为核心的创业教育，加强学生实践能力的培养，提高其创新素质，或者通过高校与企业联合培养人才等形式，使学生在实践中提升自身创新素质，进而更好地发挥高校人才培养对经济社会发展的引领功能，以实现高校学科专业结构对产业结构的引领作用。

---

① 参见路甬祥《世界科技发展的新趋势及其影响》，载《中国科技奖励》2011年第3期，第88～89页。
② 参见卢晓中《高等教育走向"社会中心"与人才培养模式变革》，载《教育发展研究》2011年第19期，第30页。

3. 高校学科专业结构对产业结构的动态调适机制

高校学科专业结构对产业结构的调适机制主要表现在两个方面，一是高校自身通过调整学科方向以实现对产业结构的优化。对于一所高校而言，学科调整的方向主要是鼓励和发展新兴学科，巩固和扩大成熟学科。由于高校人才培养周期相对较长，学科专业结构调整经常出现滞后于产业发展的现象。因此，高校的学科发展要有一定的超前意识，与区域产业结构优化进程相适应，通过调整学科发展方向，为产业结构优化升级提供所需的人才和智力支持，推动产业结构优化调整。二是国家层面通过调整学科专业设置目录适应产业发展需要。一般而言，学科专业目录的设置受到学科发展、社会变革、社会分工、国家政策、产业发展等的影响。从我国四次大规模的学科专业目录调整工作来看，每一次的学科专业目录调整都能够影响高校人才培养的类型结构，并在一定程度上适应产业发展的需要。因此，建立高校学科专业结构与产业结构优化调整的动态调适机制，不仅能优化学科专业结构、促进产业结构的变化，还能促进高校学科专业结构与产业结构的适切发展。

（二）产业结构对高校学科专业结构的影响

1. 产业结构通过人才结构影响学科专业结构调整

高校人才培养与地区经济发展之间有一定的相关性。经济的发展必然会带动产业的发展，必然需要相应的人才结构来适应产业发展的需要，而不同的人才结构需要通过高校不同的学科专业来培养。因此，产业结构与人才培养、学科专业结构之间有着密不可分的联系。一方面，产业结构的演进影响人才结构的演进（详见表1-2）。在产业结构发展的前工业化时期，第一产业产值在国民经济中所占的比重较大，因此，人才培养结构调整主要以第一产业所需要的人才为主要目标。随着工业化中期的到来，第一产业地位开始下降，第二产业地位逐渐提高，工业重心向基础工业主导型转变，其人才培养结构也发生了新的变化，主要以满足基础工业发展需要的人才结构为调整目标。产业结构发展到后工业化时期时，虽然第二产业仍然在产业结构中占据着主导地位，但这一时期，第三产业得到了一定的发展。产业发展对人才结构的需求又提出了新的要求，这就需要人才结构依据产业结构的变动做出适当的调整，即在培养第一、第二产业发展所需人才的基础上，以满足第三产业发展需要的人才结构为调整目标，培养能够满足第三产业发展需要的人才，以确保高校培养的人才能够满足社会各行业的发展需要。另一方面，产业结构优化升级影响高校学科专业结构的优化调整，产业结构优化升级一般遵循由低级向高级的发展规律，它强调的是产业结构调整趋向高级化、合理化。在产业结构高级化、合理化进程中，对人才结构的要求也会提高，促使人才结构的调整逐渐趋向高级化、合理化。为了适应产业结构优化升级对人才结构在知识结构、知识深度与广度以及能力结构与素质等方面的不同需求，产业也会对决定人才培养结构的学科专业结构提出不同的要求。因此，高校需要依据产业发展需求，对高校学科专业结构、人才培养目标做出调整，使其培养的人才能够满足社会产业的发展需要。

表1-2 产业结构的演进影响人才结构的演进

产业结构发展的阶段	产业结构特征	人才培养特征
前工业化时期	第一产业产值在国民经济中所占比重较大	主要培养第一产业所需要的人才，同时依据产业结构调整而有所调整
工业化中期	第二产业得到较大发展，工业重心转向基础工业主导型	培养适合基础工业需要的专业人才
后工业化时期	第三产业得到一定的发展，产业知识化	培养第三产业需要的各类人才

综上可知，产业结构通过人才培养结构来影响高校学科专业结构优化调整，高校学科专业结构则通过人才培养结构反作用于产业

结构的优化调整。若高校学科专业结构合理，其培养的人才能够适应产业发展需要，就有利于促进产业结构的合理化、高级化发展；反之，若高校学科专业结构不合理，其培养的人才结构无法满足产业结构需求，则不利于产业结构的优化升级，进而对经济的发展产生一定的阻碍作用。因此，高校学科专业结构应该依据产业发展需要进行优化调整。

2. 产业结构影响学科专业结构调整的方向

产业结构的变化会影响学科专业结构调整的方向，主要表现在以下两方面。

（1）产业结构决定学科调整方向的多样化发展。从西方发达国家的发展历程来看，受第三次科技革命的影响，一些新兴产业的出现，致使产业结构发生了变化。以高校为依托来建立科技园区成为发达国家新经济的支撑点，高新科技发展成为各发达国家经济发展的主要内容。在这种产业演进和发展背景下，为了培养出适应经济和产业发展需要的多样化人才，西方发达国家的高校开始重视院校学科专业结构的改革，不仅重视开设实用性课程，增加应用学科与理工科的比重，而且依据新兴产业需要，通过开设新的交叉学科等方式来实现学科结构的多样化发展，使其开设的学科专业设置和人才培养能够满足经济产业发展的需要。就广东省产业结构演变历程而言，改革开放以后，随着第一产业的地位和比重持续下降，第二、第三产业的地位和比重得以提高，对人才的需要也不断发生变化。进入21世纪知识经济时代后，新兴产业和高新技术产业的快速发展，促使就业结构和人才需求结构发生变化，对高校学科专业结构提出了新要求，需要其依据产业发展方向做出调整。到目前为止，广东产业结构基本形成"三、二、一"的产业发展格局，支柱产业和主导产业主要以传统优势产业、高新技术产业和智能制造业等为主。产业结构的转型升级影响了人才结构的变化，对高层次、高质量应用创新型科技人才的需求不断增加。为了与区域经济发展需求相适应，广东省大力发展建设高水平理工科大学，适时调整理工科高校学科专业结构，重视基础研究，重视理工类学科发展，促使机械工程、机械设计与自动化、信息技术等应用型学科专业的迅速发展，顺应了学科多样化的发展趋势。

（2）产业结构的变化影响了学科的综合化发展。现代社会创新的基础在于人才的综合素质，随着产业结构的不断转型与升级，新产品、新技术的不断涌现，信息、技术等要素的集成度不断提高，对人才的需求也由原来的专才变为专业能力强，知识面广，能力结构、素质等方面都较好的综合型人才。这促使高校开始调整学科专业设置，加强跨学科之间的联系，合理配置各学科资源，进而使高校学科发展呈现多样化趋势。而物联网技术、生物科技、智能制造等新兴产业的发展，更加需要不同学科之间相互合作，从而促使了大批跨学科、交叉学科的产生与发展，并在一定程度上冲击了高校传统的以学科组建学院的模式。按照产业、学科群、行业集合等形成的跨学科或交叉学科研究中心或平台的发展，在一定程度上推动了高校不同学科专业结构之间的综合化，促进了各学科资源的优化配置。

总之，学科专业结构与产业结构的发展既遵循着自身规律，又具有各自的特点。一方面，组成学科专业结构的学科有其自身发展规律。一个新学科从产生到最后的成型，不仅需要长期的形成时间，也有其形成的标准，即独特的研究对象、合适的理论体系以及人才培养模式等。因此，即使社会产业发展对某一类学科专业人才有着极大的需求，高校也未必有相应的学科来与之对应。另一方面，随着经济的发展、科学技术的持续发展与变革，产业结构处于不断变化之中，大批新兴产业或行业的快速崛起，对人才需求的能力或知识结构的要求呈现出了复杂多样、千变万化等特点，要求高校学科专业结构做出调整来适应产业结构变动的需要。因此，高校学科专业结构应当对适应社会经济发展的人才培养做出预期与调整，既要不断满足社会发展对人才的有效需求，也要适应产业结构的变化，根据产业结构的优化升级而主动调整学科专业结构，更要引领产业结构的合理调整,实现高校学科专业结构与产业结构的有效对接和最优匹配,真正实现教育为社会、为经济服务。①

三、研究分析框架

本研究聚焦"省域高校学科专业结构"与"产业结构"的关系问题,结合社会结构变迁理论、结构功能理论、产业结构调整理论、高等教育内外部关系规律等相关理论,尝试以"结构变迁—结构失衡—结构调整"为分析思路来构建相应的研究框架。(见图1-3)

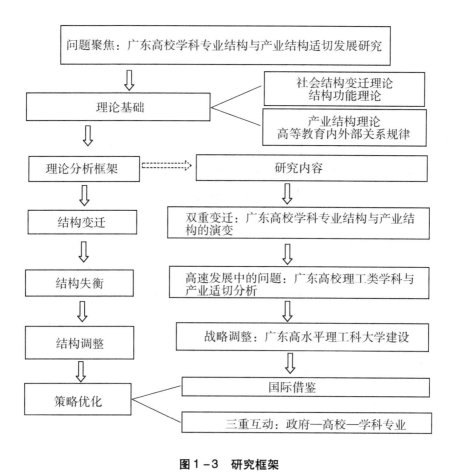

图1-3 研究框架

---

① 参见温晓慧、丁三青《论我国高校学科结构调整和优化》,载《湖北社会科学》2012年第11期,第187~188页。

第二章 双重变迁：广东高校学科专业结构与产业结构的演变

马克思认为，社会结构变迁必须从社会生产力和生产关系的现存冲突中去解释。① 生产力与生产关系、经济基础与上层建筑这两对社会基本矛盾始终贯穿在社会发展的始终，推动着社会前进。生产力发展是社会变迁的最根本原因，社会生产方式的变迁是最根本的社会变迁，它制约或带动着其他的社会变迁。② 经济结构作为全部社会结构的基础，其对社会其他结构发挥决定作用，经济结构发生变化，会导致文化结构、政治结构等的变化。产业作为经济结构中的重要组成部分，会因经济结构变化所带来的影响而发生变化，并影响社会其他结构，如文化结构等的变化。高校学科专业结构作为高等教育的重要组成部分，是社会大系统中文化这个子系统的重要内容，其发展变化除了需要遵循学科自身的发展规律之外，也会受到高等教育系统内部各因素，以及外部社会系统中其他子系统（如经济、文化等因素）的影响与制约。而产业结构作为社会大系统中经济子系统的重要组成部分，是高等教育的外部社会系统，其变化会影响高校学科结构的变化。由此可见，高校学科专业结构（社会文化）与产业结构（社会经济）作为社会变迁的重要内容，其变化容易受到社会变迁的影响。因此，本章从社会变迁的角度来分析广东高校学科专业结构与产业结构的演变。时间选择上主要是中华人民共和国成立后至今（1949年至今）。并分为三个时间段：

---

① 参见中共中央马克思恩格斯列宁斯大林著作编译局编：《马克思恩格斯选集（第2卷）》，人民出版社1972年版，第194～195页。

② 参见黄陵东《西方经典社会变迁理论及其本土启示》，载《东南学术》2003年第6期，第74页。

中华人民共和国成立初期至改革开放前（1949—1978年）、改革开放后至20世纪末（1979—1999年）、21世纪初至今（2000年至今）。

第一节　广东高校学科专业结构的演变与特征

学科是大学的基本组成单元，学科专业结构则是高校中学科专业存在的基本形式，其作为高校的基本架构，是高校一切结构的基本组成部分。学科专业结构与学科水平直接关系到高校整体功能的发挥和全局的发展。[①] 因此，研究学科专业结构是研究学科问题的首要环节。广东高等教育作为我国高等教育的重要组成部分，其学科专业结构的演进受到我国高校学科发展演进历程的影响，因而探讨我国高校学科发展历程，有助于我们进一步厘清广东高校学科专业结构的演进轨迹。

一、我国高校学科专业发展历程与特征

从清朝末年京师大学堂创办开始，我国现代高等教育发展已经有一百多年的历史。纵观我国高校发展历程可知，在外部因素（如政府调控、社会发展需求等）与学科自身发展规律等内部因素的双重影响下，高校学科专业结构经历了由单一、细化到多样化、综合化的发展历程。笔者依据学科专业结构改革的历史事件，将中华人民共和国成立以来我国高校学科发展历程划分为三个阶段。

第一阶段：中华人民共和国成立初期至改革开放前。新中国成立之后，百废待兴，国家工业化建设需要大批高级专门人才。为了培养能够满足和适应国家发展需要的专门人才，中央政府自1952年开始模仿苏联模式，在全国范围内进行大规模、大范围的院系调整。在保留少数综合大学的基础上，将原综合大学中的农、工、

---

① 参见庞青山《大学学科结构与学科制度研究》（学位论文），华东师范大学2004年。

医、政法、财经和师范等系科调整出去,并通过设立独立的专门学院或将相关学科合并到其他相同科类院校的形式进行院校重组。与此同时,政府也大量兴办单科性学院,缩减多科性学院和综合性大学的比重,最终形成了单科性、工科高校占主体,多科性和综合性大学所占比重甚小的格局。据统计资料显示,1947年至1957年这10年间,全国综合性大学的数量从1947年的55所下降到1957年的17所;工科高校的数量则由1947年的18所增加到1957年的44所。从学科结构来看,1953年的学科分类目录中共有215种二级学科分类,其中工科有109种,占50.7%;文科仅有19种,占8.8%。[①] 这一时期的院系调整,在一定程度上适应并满足了国家经济建设的需要,也有助于改变国家高等教育分布不合理的局面。但是,由于此次院系调整对综合性大学的调整幅度过大,减少了大量的综合性大学,兴办了多所单科性学院,高校学科专业结构变得较为单一。与此同时,高校专业划分过细,形成了文、理、工等学科分家的局面,不利于学科之间的融合、渗透与交叉发展,同时也影响了人才培养的多样化和综合化,致使高校学科专业结构调整无法满足国家社会经济发展对综合化、多样化人才的需求。

第二阶段:改革开放后至20世纪末。这一时期的学科专业结构开始朝着多样化和综合化的方向发展。1978年,我国实行改革开放以后,科学技术飞速发展,经济水平得到迅速提高,社会经济、产业结构等发生了翻天覆地的变化。随着社会主义市场经济体制的进一步确立,我国第二、第三产业迅速发展。经济的发展推动了高等教育内部的系统变革,即经济发展需要高校培养相应学科的人才以满足市场经济发展的需要。为了适应国家经济发展和改革开放的需要,高校学科发展出现了新的调整与变化,即在发展理工科等应用型学科的基础上,开始慢慢地重视人文类、经管类等学科的

---

① 参见龚育之、逄先知、石仲泉《毛泽东的读书生活》,生活·读书·新知三联书店1986年版,第103页。

发展。最具代表性的是20世纪70年代末至80年代初,以华中工学院(现华中科技大学)为代表的一些重点工学院和工业大学内部进行的学科专业结构调整,其调整的重点在于加快工科类高校中理科、文科等学科专业的发展。20世纪90年代,国家教育委员会对《普通高等学校本科专业目录》进行重新修订与调整,调整的重点在于复苏政法、财经、管理等人文社会学科,进一步扩大高校学科专业结构的覆盖面。之后,国家于1998年再次对学科分类目录进行修订,将高校学科分为11大学科门类,包括哲学、经济学、法学、历史学、文学、教育学、理学、工学、农学、医学、管理学。与此同时,在高校中发展材料科学、计算机科学等一批新兴学科、边缘学科、交叉学科以及社会急需学科,学科综合化成为高校学科专业结构优化的一种重要思想。在这一时期,学科专业结构的调整不仅改变了高校以往文理分科、理工分科等学科结构较为单一、细化的局面,促进了学科专业结构的多样化和综合化发展,还为一些院校向理工类大学和综合性大学的转型奠定了基础。

第三阶段:21世纪初至今。学科专业结构呈现出在高度分化的基础上高度综合的特点。随着我国社会主义市场经济体制的建立,以及高校国际化交流的加强,高校越来越重视对综合性人才的培养,学科综合化开始成为高校学科专业调整的重要思想。一些专门性院校与综合性大学、单科性院校开始合并发展,进一步加强了高校学科的综合化程度。学科综合化的一个重要基础是跨学科研究,其实质是知识的重新组织和整合。正如欧内斯特·博耶(Ernest L. Boyer)所认为的,"从不同的学科和广泛的知识背景出发,在知识和范式之间建立起联系;同时,打破原有知识体系的僵化分割,为新学科的成长和知识的应用提供交汇点"[1]。尤其是随着经

---

[1] Boyer E L. "The Boyer commission on educating undergraduates in the research university". *Reinventing Undergraduate Education: A Blueprint for America's Research Universities*, 1998: 686-691.

济全球化的进一步发展，以智能信息技术、生物工程技术等为代表的新一轮科技革命的推动，以及知识经济时代的到来，知识的发现、创新和应用逐渐成为支撑社会经济发展的基础性资源。在高校学科发展越来越分化的同时，学科交叉、融合也越来越受到高校的重视，各个高校都在不断地增设新兴学科、交叉学科，加强文理学科的交叉与渗透，提倡各学科间的联合；设置跨学科课程，设立学术组织形态，如通过跨学科实验室、研究中心或院系组织等途径来加强学科专业之间的联系。随着学科交叉、渗透日益增强，使得原有学科交汇形成新的学科生长点，并且产生了新的边缘性、交叉性、综合性学科，以适应社会发展与变化的需要，并促使学科专业结构呈现出高度融合的特点。

纵观改革开放以来我国高校学科发展的演进历程，可以发现高校学科专业结构呈现以下特点：一是高校学科专业结构由改革开放前的单一、细化向多样化、高度综合化方向发展。随着改革开放、体制改革、教育产业化、国际化的发展，学科发展呈现多样化特点，不仅开始与国际同步，也与社会经济发展需要相适应。在这一阶段，我国高校学科专业结构的整体水平虽有一定的发展，但出现了学科专业重复建设、学科专业结构趋同的现象，与发达国家相比，仍然存在一定的差距。进入21世纪以来，学科专业结构是在高度分化基础上的高度综合。在这一阶段，尤其是20世纪末启动高等教育大众化之后，高校数量与规模迅速扩大，高等教育资源配置的有限性与高等教育需求无限增长之间的不均衡性，使得高校学科发展需求与高校实际能够满足学科发展需要有限能力之间的矛盾进一步加剧，促使区域高校与高校之间、高校内部各学科之间竞争激烈。高校学科调整内在机制的逐渐生成，使高校学科发展集中在知识的生产和应用上，表现在学科专业结构方面就是不断地裂变和衍生出新的学科方向，优胜劣汰，最终促进学科的良性发展。二是高校学科专业结构呈现分层与趋同的特点。这主要表现在：一方面，20世纪80年代以来的国家重点学科建设各省市与高校内部的重点学科建设，进一步加剧了高校学科专业结构分层现象；另一方面，20世纪90年代院校合并时，一些高校为了发展成综合性大学，全然不考虑学校的自身条件与学科基础，忽视学科发展规律与社会实际需要，盲目追求学科门类齐全，扩大高校学科规模，竞相设置学科专业，最终造成同一学科在不同类型院校中功能和定位不清、学科专业设置重复、高校学科专业结构中趋同现象严重等状况，影响了学科的错位发展以及优势学科、特色学科的形成。因此，高校学科专业结构的演进历程也是高校学科专业结构优化调整的历程，以上对高校学科专业结构演变历程的梳理，能为高校学科专业结构与产业结构的适切发展提供重要启示。

二、广东高校学科专业结构的历史演变与特征

第一阶段：中华人民共和国成立初期至改革开放前。这一时期，广东高校学科专业结构比较单一，学科发展水平比较低。1949年中华人民共和国成立后，为了使高等教育能够更好地为广东经济恢复发展乃至全国经济恢复发展服务，人民政府在高等教育领域内兴起了恢复学校秩序的运动，主要是接管、接办旧的公立和私立高等学校，并把它们改造成为人民服务的高等学校。1952年，应中央人民政府教育部制定的全国高等院校院系调整计划要求，广东高校进行了院系调整。从高校数量上看，广东高校数量由原来的15所调整为5所，即1所文理科综合性大学（中山大学）和4所专门性学院（华南工学院、华南农学院、华南医学院和华南师范学院）。从学科专业结构看，工科、医科和师范教育都有所加强，重文轻理工的倾向开始发生改变。同时，各高校根据国家和地方事业发展需要，发挥自身优势，保留和建立了一批具有广东特点的学科专业，如华南工学院的制糖、造纸、食品等专业。在这次院系调整中，也有一些学科专业，如财经、法律、无线电、地质、天文、语言等学科专业被调整到了外省，这在一定程度上影响了广东高校学科专业

结构的完整性，同时也削弱了广东高等教育的力量。① 1958年5月，中共八大二次会议制定了社会主义建设的总路线，之后在全国范围内开展了"大跃进"运动。在此背景下，为了适应工业、农业生产"大跃进"发展的需要，有计划地为国家发展培养大批又红又专的社会主义建设人才，广东省各市和地区新建了几十所工、农、医、师4类专科学校，致使学校数量和招生数量骤增。截至1959年年底，广东高校由院系调整时的5所增加到1959年的50所，在校生增至26477人，到1961年增至44594人。学校数量的发展超过办学能力，直接导致了教育发展出现质量下降等问题。在中央制定的对国民经济进行"调整、巩固、充实、提高"方针的指引下，广东省对高校进行了调整，即对办学条件较差的高校，或者合并，或者撤销停办。同时，也对高校的一些学科专业进行了调整、巩固和充实。一些高校结合院系调整，增设了新学科或新专业。如华南工学院在分出华南化工学院后，于1958年创办了无线电工程系、物理系，1959年设置了造船系，1960年建立了自动化学系等院系，进一步促使学校由单一性的工科学科专业结构向理工结合的方向发展。之后，由于10年"文化大革命"的影响以及教育系统极"左"路线的推行，广东高等教育事业遭受严重的挫折。在这一时期，广东省只被准许创办10所大学，而且这些大学被强令搬到农村或山区去办，许多高校被迫强行"调、并、迁、改"，如暨南大学被撤销，校园被占长达8年之久；广东工学院改为矿冶学院，被迁到粤北山区；所有的地区高校都改为中专。总之，这一时期高校的撤销、合并、搬迁，管理上的条块分割，学科专业划分过细等问题，不仅进一步加剧了广东高校学科专业结构失衡的状况，降低了学科的发展水平，也严重阻碍了广东高等教育的发展，造成高等教育质量严重下降，使得广东高等教育与国民经济发展不相适应。

---

① 参见李修宏、周鹤鸣《广东高等教育》，广东高等教育出版社1988年版，第3~4页。

第二阶段：改革开放后至 1999 年。在这一时期，广东高校学科专业结构朝着多样化、综合化的方向发展。中共十一届三中全会召开以后，各个领域都开始"拨乱反正"，广东的高等教育进入振兴时期。在高等教育结构方面，除了复办或新办高校外，对成人高校也进行了整顿。在高校建设方面，随着经济社会的发展，原有的高等教育规模已不能适应新形势的发展需要，亟须扩大高校规模和数量。从 1977 年到 1984 年，全省复办、合办、新办 17 所高校。截至 1986 年，广东共有高校 33 所。① 在专业设置方面，广东面向社会需求，增设了一些社会经济发展急需的专业，合并、撤销了一批专业面窄、适应性差的专业；同时，优化专业结构，重点发展了一批适应广东产业结构需要的专业，包括计算机、电子、机电、建筑、轻纺、财经、政法、管理等专业；改造传统专业，扩大专业口径，或改变专业方向。② 这些措施的实施初步改变了广东高校专业设置老化、学科结构单一、文理工等学科相互分割的局面，填补了一些新兴学科的空白，促使广东形成了布局合理、学科种类齐全、学科专业结构多样化与综合化的高等教育结构体系。

第三阶段：1999 年高校扩招至今。1999 年，全国教育工作会议通过《中共中央国务院关于深化教育改革全面推进素质教育的决定》，进一步明确了将积极发展高等教育、扩大高等教育规模作为实施素质教育的措施之一。此后，各高校开始实施扩招政策，增加招生数量，扩大高等教育规模，高等学校数量和学生人数都呈现大幅度增长的态势。在此背景下，广东省认真贯彻高校扩招政策，进一步扩大高等教育规模，增加高校招生人数，并取得了一定的成效。从广东省高等教育在校总规模来看，截至 2019 年，各种形式的高等教育在校总规模（不包含军事学校人数）达到 311.51 万人，

---

① 参见李修宏、周鹤鸣《广东高等教育》，广东高等教育出版社 1988 年版，第 40～42 页。

② 参见张耀荣《广东高等教育发展史》，广东高等教育出版社 2002 年版，第 178 页。

广东省高等教育毛入学率为 48.80%。从广东省拥有高校的数量来看，截至 2019 年，广东省共拥有高校 154 所，与 1998 年的 43 所高校相比，共增加了 111 所。就高校的类别而言，综合性院校、理工类院校和财经类院校增幅最大，分别增加了 60 所、25 所和 11 所（如图 2-1 所示）。纵观高校类别情况，综合院校数量增幅最大，理工类院校次之。究其原因有二，一是社会对多样化、综合化人才需求的增加，致使高校学科综合化发展趋势加强，引起一些高校向综合性院校发展。同时，随着高校扩招政策的实施，一些高校为了自身的发展，不断扩大规模，通过不断的改革重组，由原来的单科性大学或专科性大学发展为综合性院校，大大增加了广东省综合性院校的数量。二是随着广东省产业结构的调整，电子信息、电气机械及专用设备制造和石化工业等新兴产业不断发展，其对理工科人才的需求量增大，促使理工科院校数量的增加。

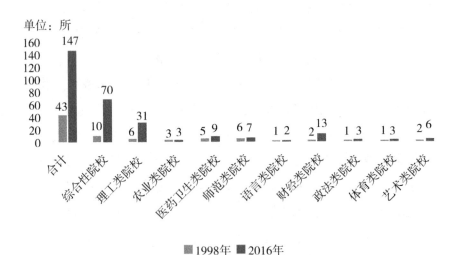

图 2-1 1998 年和 2016 年广东省各类高校数量对比

从广东省高校学科专业结构的演进来看，其与我国高校学科发展历程基本保持一致。一方面，呈现出从综合到单一、细化，再到多样化和综合化的发展特点，即中华人民共和国成立后至改革开放前，广东高校在国家院系调整政策的引导下进行院系调整，使大部分高校由综合性大学调整为单科性大学，学科专业结构呈现出单一、细化的特点。改革开放后至20世纪90年代末的学科调整，改变了高校学科专业结构相对单一、文理工等学科相互分割的局面，使一批新兴学科得到发展。广东高校学科专业结构呈现种类齐全、布局合理等特点。20世纪90年代末至今，一些高校通过改革重组，由单科性院校发展为综合性院校，使得综合性院校数量急速增加，也促使了学科专业结构的综合化发展。另一方面，广东高校学科专业结构呈现趋同化特点，具体表现为两点：一是各类高校不顾自身的学校定位，争相发展成为综合性大学，盲目发展学科规模，追求学科门类齐全；二是各高校的学科专业设置趋同、重复等。除此以外，大类学科专业结构失衡也是广东高校学科专业结构的特点之一，主要表现在广东省理工类院校与理工类学科基础薄弱，理工类整体学科水平相对不高，无法满足广东产业转型升级的需要。

第二节 广东产业结构的演变与特征

产业结构演进一般遵循着一定的规律，如工业化发展阶段规律、主导产业转换规律、三次产业比重变化规律等。其中，三次产业比重变化规律主要强调的是产业结构随着经济发展以及人均国民收入水平的提高而发生变化，其变化主要遵循"由第一产业为主导发展为第二产业为主导，再发展为第三产业为主导"的演进规律。本节内容正是基于三次产业比重变化规律来分析广东三次产业结构的演进及其特征，进而为学科专业结构优化调整提供分析依据。

一、我国产业结构的演变历程

近代以来，人类社会的发展沿着两个方向飞速前进，一是科技发展带来生产力的突飞猛进，二是社会结构的重大调整。生产力与生产关系、经济基础与上层建筑两对基本矛盾，是推动社会进步的根本动力。科技革命的生产力带来经济结构发生重大变化的同时，也引起了整个社会结构的变迁，呈现科技革命—生产力—经济结构—产业结构—社会结构（就业结构）—学科专业结构的演进趋势。

从人类社会的发展历程看，人类社会从农业社会向工业社会转变的过程中，共经历了三次科技革命，即17、18世纪以蒸汽机为标志的第一次科技革命；19世纪末20世纪初以发电机和电动机的发明与应用为标志的第二次科技革命；20世纪40年代以来以电子技术、自动化为主要特征的第三次科技革命。由于我国长期受到封建统治的影响，前两次科技革命对我国经济产业结构影响不大。中华人民共和国成立之前，我国的经济仍旧以传统农业经济为主，近代工业几乎没有得到发展。

中华人民共和国成立后至改革开放前，工业虽然得到了一定的发展，但是我国的经济及产业结构仍处于相对封闭的状态。在这一时期，我国产业结构的演变主要分为两个阶段：第一个阶段（1949—1966年）是向重工业倾斜的发展阶段；第二个阶段（1967—1978年）是"文革"以及"文革"结束后国民经济恢复与发展阶段。这一时期的社会阶层结构相对简单，主要由工人阶级、农民阶级和知识分子阶级三大阶层所构成。

改革开放后，我国对经济体制进行了一系列改革，开始从传统的计划经济体制向市场经济体制转变，在经济结构发生了根本性变化的同时，我国的产业结构得到了转变和升级，主要表现在第一产业和第三产业的迅速发展，第二产业保持较高的增长速度。除此之外，受第三次科技革命影响，以及经济全球化和信息技术革命的推动，一些信息产业、知识经济产业、高新技术产业等新兴产业发展迅速，进一步促进了产业结构的优化升级。在这一时期，工人阶级表现出规模上缩小、层次上多样的状态；而农民阶级比重缩小、正在分化。

二、广东产业结构的演变历程

中华人民共和国成立后至改革开放前,广东省的产业结构演进历程基本与国家的产业结构演变历程保持一致。这一时期主要是产业结构向重工业倾斜发展的时期,以及国民经济恢复与发展的时期。改革开放后,随着经济环境的变化,广东作为沿海经济开放的先行省份之一,依靠其地缘优势和政策优势,经济呈现出跨越式、超常规发展的趋势,快速崛起为全国的经济强省,地区生产总值和人均收入水平呈增长趋势。在经济迅速增长的同时,广东加快了产业结构调整的步伐,以便能够更好地适应自身经济的可持续发展。

(一)改革开放后广东产业结构的变化情况

根据配第-克拉克定理可知,产业结构在演进中遵循着"第一产业为主导转变为第二产业为主导,再发展为第三产业为主导"的规律。① 改革开放后,广东产业结构基本上遵循着配第-克拉克产业结构演进规律,呈现出由"一、二、三"格局向"三、二、一"格局演进的趋势。与此同时,广东经济也取得了令人瞩目的成功。从广东省地区生产总值(GDP)来看,1978年广东省地区生产总值仅为185.85亿元,2020年已达到110760.94亿元,增加了近595.97倍(详见表2-1)。从三次产业的产值结构比重看,广东省第一、第二、第三产业的产值结构比重由1978年的29.8∶46.6∶23.6调整为2020年的4.3∶39.2∶56.5。其中,第一产业产值结构比重下降了25.5%,降幅最大;第二产业产值结构比重变动最小,呈现出稳定发展的态势;第三产业产值结构比重增加了32.9%,呈大幅增长态势。由此可见,广东省三次产业结构优化调整取得了显著成效,产业结构更趋于合理化。

---

① 参见于刃刚《配第-克拉克定理评述》,载《经济学动态》1996年第8期,第63~65页。

表2-1 广东省地区生产总值及其人均地区生产总值的变化

年份	生产总值/亿元	第一产业生产总值/亿元	第二产业生产总值/亿元	第三产业生产总值/亿元	人均地区生产总值/元
1978	185.85	55.31	86.62	43.92	370
1980	249.65	82.97	102.53	64.14	481
1990	1559.03	384.59	615.86	558.58	2484
2000	10741.25	986.32	4999.51	4755.42	12736
2010	46013.06	2286.98	23014.53	20711.55	44736
2016	79512.05	3693.58	34372.46	41446.01	72787
2020	110760.94	4769.99	43450.17	62540.78	94172

（数据来源：根据广东统计局官网数据、中国统计局官网数据、《中国统计年鉴》等整理而成。）

1. 广东省地区生产总值与人均收入变化

从表2-1可知，就广东省地区生产总值和人均地区生产总值的具体情况而言，1978年广东省地区生产总值和人均地区生产总值分别为185.85亿元和370元。到1980年，广东省地区生产总值提高到249.65亿元，人均地区生产总值提高到481元。这两年间，广东省地区生产总值平均每年提高31.9亿元，人均地区生产总值平均每年提高55.5元。随着我国改革开放的推进，广东省作为改革开放的前沿阵地，经济水平不断提升，呈跨越式发展。1980—1990年这十年间，广东省地区生产总值由249.65亿元提高到1559.03亿元；人均地区生产总值由481元提高到2484元，平均每年提高200.3。1990—2000年，广东省地区生产总值由1559.03亿元提高到10741.25亿元，十年间提高9182.22亿元，平均每年提高918.22亿元；人均地区生产总值平均每年提高1025.2元。2000—2010年这十年间，广东省地区生产总值由10741.25亿元增加到46013.06亿元，增加了35271.81亿元，平均每年提高

3527.18亿元；人均地区生产总值由原来的12736元提高到44736元，平均每年提高3200元。2011—2016年间，广东省地区生产总值由46013.06亿元提高到79512.05亿元，6年提高了33498.99亿元，平均每年提高5583.17亿元；人均地区生产总值由原来的44736元提高到72787元，平均每年提高4675.17元。

从1978—2016年间广东省三次产业产值的变化来看，第一产业产值从1978年的55.31亿元提高到2016年的3693.58亿元，增加了3638.27亿元，平均每年增加95.74亿元。第二产业产值从1978年的86.62亿元增加到2016年的34372.46亿元，提高了34285.84亿元，平均每年提高902.26亿元。第三产业产值从1978年的43.92亿元提高到2016年的41446.01亿元，提高了41402.09亿元，平均每年提高1089.53亿元。

2. 广东省三次产业产值比重变化情况

自1978年以来，广东省产业结构的变动趋势明显。由图2-2可知，从1978年到2016年，第一产业产值比重呈现出先上升后下降的变化；第二产业产值比重呈现出下降—平稳发展—缓慢上升—平稳发展这一变化；第三产业产值比重整体上呈现出上升趋势。1978—2020年间，广东省第一、第二、第三产业产值比重由1978年的29.8∶46.6∶23.6调整为2020年的4.3∶39.2∶56.5。其中，第一产业产值比重总体呈下降趋势，下降了25.5%，说明从1978年改革开放以来，第一产业在广东地区经济中的地位不断被弱化，对地区经济增长的贡献越来越小。第二产业产值比重也呈下降趋势，但是降幅较小，仅下降了7.4%，说明改革开放以来，第二产业在广东地区生产总值中所占的比重变动较小，地位变化不大，表明第二产业内部不断进行着优化调整。第三产业产值比重整体呈现出上升的态势，且增幅最大，增加了32.9%，说明第三产业对广东地区经济发展的贡献不断增加。由广东三次产业产值比重的变化可知，第三产业在经济发展中的贡献逐步增强，其对第一产业和第二产业的带动性也在不断增强，广东产业结构正在向更趋于合理化的方向发展。

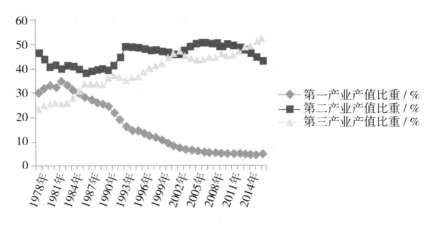

图2-2 广东省三次产业产值比重构成

(二) 广东产业结构的演变历史

有研究者认为改革开放以来，我国的经济发展呈现出"转轨发展"的特征，主要表现为四个发展阶段，即改革探索与扩张供给阶段（1978—1991年）、市场化改革全面推进和经济高速发展阶段（1992—1997年）、市场化改革的巩固攻坚和经济结构全面调整阶段（1998年至今）、市场化体制的成熟完善和社会经济协调发展阶段（未来阶段）。[①] 广东经济发展与中国经济运行保持一致，因此，在借鉴我国经济发展四个发展阶段划分的基础上，依据广东省三次产业产值变化情况，以及广东经济发展、产业结构调整等政策因素，可以将改革开放后广东的产业结构演变划分为三个阶段。

第一阶段：1978—1991年。1978年之前，受"文化大革命"的影响，我国整体经济水平落后，国内生产总值较低。截至1978年，我国国内生产总值为3645.2亿元，其中第一产业产值为1027.5亿元，第二产业产值为1745.2亿元，第三产业产值为872.5亿元，三次产业产值比重分别为28.2∶47.9∶23.9。随着党

---

① 参见赵旻《论中国经济转轨发展的四个阶段》，载《经济学动态》2003年第3期，第23~26页。

的十一届三中全会的召开,以及中国经济改革大政方针的确立,改革开放政策开始在全国范围内实施,经济方面也开始了"隔几年上一个台阶"的加速发展。这一时期,在全国实施改革开放的背景下,广东省作为改革开放的前沿阵地,率先进行改革开放,充分、灵活地利用特殊政策和灵活措施,对外开放,对内改革,进一步推进社会主义经济体制改革;依据省情,实行工业、农业并举协调发展,积极发展第三产业的政策,自觉地进行产业结构调整,促使产业结构趋向合理协调发展。这一时期,广东省地区生产总值由1978年的185.85亿元增加到1991年的1893.30亿元,年均增长121.96亿元。第一产业产值由1978年的55.31亿元增加到1991年的416.00亿元,年均增长25.76亿元;第二产业产值由1978年的86.62亿元增加到1991年的782.67亿元,年均增长49.72亿元;而第三产业改变了过去长期落后的状态,从1978年的43.92亿元增加到1991年的694.63亿元,年均增长50.05亿元。

由图2-3可知,这一时期广东的三次产业产值均呈现出快速增长的势态。但是,就三次产业产值各自所占的比重而言,广东三次产业产值比重的变化情况各不相同(如图2-4所示)。其中,第一产业产值比重由1978年的29.8%下降到1991年的22.0%,降低了7.8%;第二产业产值比重由1978年的46.6%下降到1991年的

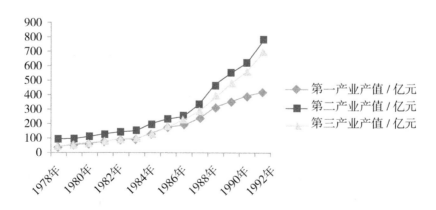

图2-3 1978—1991年间广东三次产业产值变化

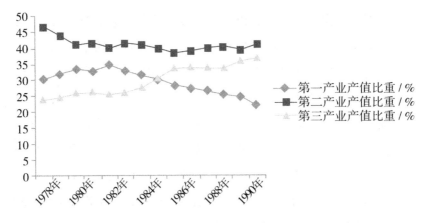

图 2-4　1978—1991 年间广东三次产业产值所占比重变化

41.3%，降低了 5.3%；第三产业产值比重由 1978 年的 23.6% 上升到 1991 年的 36.7%，增加了 13.1%。

从图 2-4 可以看出，这一时期第一产业产值比重呈现出先上升后下降的特征。1978—1982 年间，第一产业产值比重从 29.8% 增加到 34.8%，增加了 5.0%，呈现出上升态势。究其原因在于家庭联产承包责任制的全面推行，以及其他不同形式农业生产责任制的建立与推行，进一步改革了农村管理体制与农业流通体制，使农副产品的自由贸易市场得以开放，农副产品价格呈现出大幅提高的趋势，进一步激发了农民的积极性、创造性与主动性。随着农村改革的深入化，一些乡镇企业开始得到发展，并且吸收了大批农村剩余劳动力，进一步促进了第二产业和第三产业的发展。同时，外资和技术的大量注入，在一定程度上促进了农村外向型产业的发展，释放了第一产业的生产潜力，使其发展步入稳定阶段。从 1982 年到 1991 年，第一产业产值比重开始持续下降，从 34.8% 下降到 22.0%，降低了 12.8%。

第二产业则呈现出整体平稳下降趋势。第一阶段是 1978 年至 1985 年，整体呈下降趋势，从 1978 年的 46.6% 降低到 1985 年的 39.8%。这一时期，全国范围内正处于改革探索时期，在国有企业方面，国家层面正试点进行国有企业扩大企业自主权改革。在广东层面，广东省委、省政府提出"包、联、通、创、学"五字方针，以"包"为主，推行包干责任制，扩大企业自主权，改变原有的管理模式，调动企业生产的主动性、积极性和创造性。同时，广东依靠其地理位置优势和人员优势，抓住周边国家或地区产业转型升级的有利时机，发展外向型经济，促进其工业发展。第二阶段是1986年至1991年，整体呈上升趋势，从1986年的38.3%上升到1991年的41.3%。在这一阶段，企业进一步深化改革，不仅完善了承包责任制，还在企业里面推行厂长（经理）负责制和任期目标制，更对企业的分配制度进行了改革，进一步扩大了企业自主权。此外，广东大力引进外资与技术，发展外向型经济，扩大出口贸易，多种经济成分并存的经济发展模式促进了第二产业的发展。

第三产业产值比重整体呈上升趋势。1978年至1983年间，第三产业产值比重增加缓慢；1984年至1991年间，第三产业产值比重开始呈上升趋势。其中，1985年第三产业产值比重（30.4%）第一次超过第一产业产值比重（29.8%）。第三产业是该阶段唯一保持产值比重增长的产业。究其原因有两点：一是第一、第二产业劳动生产率的提高，为第三产业的发展提供了一定的基础；二是随着改革开放的进一步深入、劳动力的解放、个体经济的发展，以及人们经济水平的普遍提高，使得一些服务类行业异军突起，如旅游业、咨询服务行业等得到了发展，从而促进了第三产业的发展，使第三产业产值比重从1978年的23.6%上升到1991年的36.7%，增加了13.1%。

分析此阶段广东三次产业结构的演变历程可知，这一时期产业结构演变的最大特点是第三产业迅速发展。广东率先进行农村改革，在解决人民群众的温饱问题后，人民对高质量生活的追求日益增多，从而促使与人民群众生活息息相关的服务业等第三产业得以繁荣和发展，并使第三产业产值比重超过第一产业产值比重，实现三次产业结构的转变，即由之前的"二、一、三"产业格局向"二、三、一"产业格局转变，广东产业结构进行了第一次调整，并趋向合理化。

第二阶段：1992—2001 年。这一时期，在国家范围内开始正式建设社会主义市场经济体制，并逐步建立现代企业制度。一方面，广东认真贯彻落实国家的重大决策，开始向市场经济体制转变；另一方面，围绕 1992 年邓小平的南方谈话精神，在继续稳定、充实、调整、完善广东已有改革措施的基础上，进一步深化综合改革。尤其是在产业方面，出台了一系列政策，提出了稳定第一产业、加强第二产业、大力发展第三产业的方针，进一步优化调整广东产业结构。在这些政策的推动下，广东三次产业均出现了不同程度的变化。就三次产业产值比重来看，第一产业产值比重大幅下降，从 1992 年的 19% 下降到 2001 年的 8.2%。第二产业产值比重有所回升，第三产业产值比重则持续稳定发展。

由图 2-5 可知，1992 年广东省地区生产总值为 2247.54 亿元，三次产业的地区生产总值分别是 465.83 亿元、1100.32 亿元和 881.39 亿元，三次产业产值结构比重分别为 19：45：36。2001 年广东省地区生产总值增长到 12039.25 亿元，三次产业的地区生产总值分别为 988.84 亿元、5506.06 亿元和 5544.35 亿元，较之 1992 年，广东省地区生产总值和三次产业产值分别增加了 4.4、1.1、4.0 和 5.3 倍（具体数据详见附录二）。

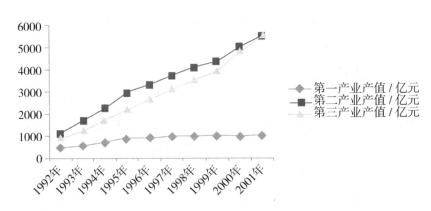

图 2-5　1992—2001 年间广东三次产业产值变化

1992年广东三次产业的产值比重为19∶45∶36，到2001年，广东三次产业产值结构比重为8.2∶45.7∶46.1（如图2-6所示），第一产业产值比重下降10.8个百分点，第二产业和第三产业产值比重分别上升0.7%和10.1%。其中，2001年第三产业产值比重（46.1%）首次超过第二产业产值比重（45.7%），三次产业结构首次呈现出"三、二、一"的格局。

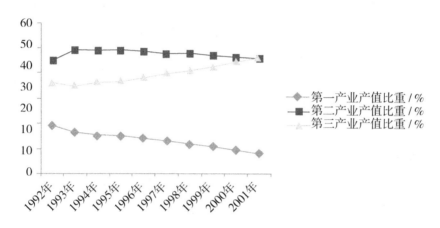

图2-6　1992—2001年广东三次产业产值所占比重

这一阶段产业结构变化的主要成因在于，经过20世纪八九十年代经济高速发展后，广东产业结构呈现出非农化趋势。就第一产业而言，在进一步深化改革开放的基础上，传统的农业发展方式得以改变，但因农业投入不足问题，致使一些农耕地被过多地占用，影响了农产品的增长数量和速度，从而降低了第一产业生产总值的增长率，使第一产业产值在省内生产总值中的比重从1992年的19%下降至2001年的8.2%，下降了9.8个百分点。第二产业则在改革开放的基础上，进一步推动企业经营机制和股份制的改革试点工作，大力发展外向型经济，三资企业迅速发展，乡镇企业也得到大力扶持，这一切都极大地促进了第二产业的发展，使其在省内生产总值中所占的比重有短暂的上升。与此同时，政府积极采取各种有效措施，支持第三产业发展，使第三产业比重持续上升，最终，第三产业产值比重于 2001 年首次超过第二产业产值比重,使广东产业结构第一次呈现出"三、二、一"的发展方向,广东产业结构也因此得到进一步优化调整。

从该阶段广东产业结构的演变历程可以看出,其主要特点是第一产业产值比重持续下降,第二产业产值比重先短暂上升、后平稳下降,第三产业产值比重持续上升。由此可见,自邓小平南方谈话后,广东改革开放的程度进一步加深,经济水平不断提高。随着人民生活水平的不断提高,其对各种消费品的需求逐渐增多,带动了以家用电器为核心的工业发展,促使广东第二产业中的工业结构呈现重工业化趋势,尤其是石化、汽车等工业的发展,使得第二产业产值比重维持在较高水平。之后,人民消费品结构逐渐高级化,带动了医疗、通讯、金融等高级服务业和计算机、网络等高科技产业的快速发展,这在一定程度上推动了广东第三产业尤其是服务业的快速发展,也促进了广东产业结构向多元化和高级化发展。

第三阶段:2002 年至今。这一时期,在中国逐渐进入买方市场以及加入 WTO 的大背景下,广东产业结构调整也发生了新的变化。既不同于 20 世纪 80 年代针对计划经济体制所带来的结构失调进行的补偿性和适应性调整,也不同于 20 世纪 90 年代的以"结构转化"式的战略性调整转向"优化升级",这一阶段的广东产业结构调整主要依据省政府于 2001 年颁布的《广东省国民经济和社会发展第十个五年计划纲要》,其目标是"全面提升产业结构",以增强广东产业和企业的竞争能力,保持其国内经济大省的地位。就第一产业产值而言,从 2002 年的 1015.08 亿元增加到 2020 年的 4769.99 亿元,增加了 3754.91 亿元(如图 2-7 所示),第一产业占国内生产总值的比重下降幅度逐渐减小,从 2002 年的 7.5% 下降到 2020 年的 4.3%,下降了 3.2%(如图 2-8 所示)。

就第三产业而言,这一时期第三产业产值比重呈现出先小幅度下降、后持续上升的态势。这是因为,一方面,伴随着经济高速增长而来的是城镇化发展,城镇化空前高涨致使投资项目增多、投资

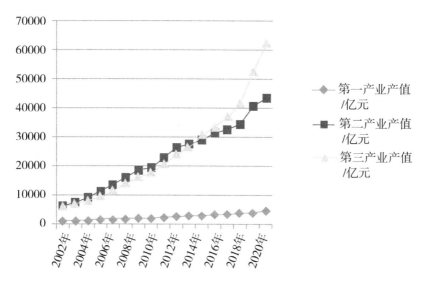

图2-7 2002—2020年广东三次产业产值变化

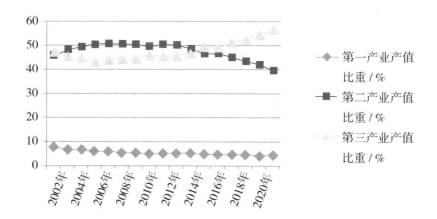

图2-8 2002—2020年广东三次产业产值所占比重

主体大型化、投资领域多元化，也进一步推动了交通、能源等大型基础设施，房地产、金融、零售业等服务业发展，促进了第三产业的发展。另一方面，这一时期中国加入了WTO，改革开放的程度和范围进一步加深与扩大，致使广东在改革开放初期享受的特殊政策优势逐渐弱化。此外，随着国内其他地方经济的快速发展，尤其是长三角地区的崛起，广东开始面临政策、人才、市场等方面的激烈竞争,在一定程度上影响了第三产业的发展,使第三产业产值比重呈现出波动趋势,2002年至2006年间,第三产业产值比重从2002年的47.0%下降到2006年的43.6%,呈现出下降趋势。2007年到2020年间,第三产业产值从2007年的44.3%上升到2020年的56.5%,呈上升趋势。(如图2-8所示)

纵观该阶段广东产业结构的演变历程,三次产业结构逐渐呈现出"三、二、一"的发展趋势,更趋合理化、高级化。由广东产业结构演变的历程可知,其结构变化具有一定的规律性:改革开放初期,受计划经济影响,产业结构并未显现出太大差异。随着改革开放的进一步深入,产业结构发生了变化,经历了趋同、趋异、再趋同的过程。其中,趋同主要表现在改革开放初期,这一阶段的改革开放是渐进式的;趋异主要表现在20世纪90年代,这一时期的重要历史事件是1992年邓小平的南方谈话;再次趋同则是在产业结构升级到一定阶段后的稳定过程,是产业高级化的趋同(即第二、第三产业协同高级化,第一产业处于较低结构的位置)。

三、广东产业结构的演变趋势

从广东产业结构演变情况来看,广东产业结构演变呈现出以下趋势:一是产业结构演变基本符合现代经济发展规律。具体而言,自改革开放以来,广东三次产业产值所占比重分别从1978年的29.8∶46.4∶23.6调整为2020年的4.3∶39.2∶56.5,实现了三次产业由"二、一、三"格局向"三、二、一"格局的转变,产业结构的演变基本符合现代经济发展规律,且产业结构更加趋向合理化。二是广东产业内部结构趋于优化。改革开放以前,长期受国家战略需要和计划经济体制的影响,广东产业发展的主要任务是农业和轻工业,致使广东产业结构出现轻重工业结构扭曲、产业结构失调等特点。改革开放以后,广东轻重工业比例失调状况逐步得到改善。20世纪90年代以来,开始以"结构转化"式的战略性调整转向"优化升级"来进一步完善产业结构,致使第一产业所占地区生产总值比重不断减小，一些传统产业（如食品饮料、建筑材料等）对地区经济的影响力逐渐下降，以新经济为特征的高新技术产业和新兴技术产业等（如信息技术产业、生物工程、新能源、新材料、高环保等等）发展迅速，并且对经济增长的贡献越来越大，影响力也逐步提高，广东产业结构更加趋向优化合理。三是产业体系从传统产业部门向现代产业部门演进。随着广东产业结构的转型升级，其产业结构演变趋向高度化发展，尤其是互联网、物联网以及电子信息技术等的广泛应用，促使一些新兴产业迅速崛起，第三产业中国际合作的加强，也在一定程度上影响了产业结构的发展，致使广东产业结构从传统产业部门向现代产业部门，甚至是高新技术产业转变。四是创新成为驱动产业结构优化升级的主要动力。资源的稀缺性使得创新成为当今社会经济发展、产业转型升级的关键因素。具体到传统产业的优化升级而言，创新存在于传统产业演进的每一个环节中，主要通过知识积累、经验学习、技能扩散等手段促使传统企业对技术、生产方式和组织等方面进行改革，实现传统业务向新兴业务的转变。多个转型中的企业形成创新集群，共同推动新兴产业的协同发展与转型升级。① 就广东而言，现阶段经济发展方式正向创新驱动阶段转变，创新已成为推动产业结构优化的主要动力。产业结构优化升级不仅需要技术创新和自主创新，也需要高层次的创新型科技人才。因此，广东省应主动优化调整高校学科结构，使其适应产业转型升级的需要。

第三节　广东高校学科专业结构与产业结构适切发展的历史逻辑

由前文广东高校学科专业结构与产业结构各自的演进历程分析

---

① 参见杨林、陈书全、韩科技《新常态下高等教育学科专业结构与产业结构优化的协调性分析》，载《教育发展研究》2015年第21期，第47~48页。

可知，广东高校学科专业结构与产业结构之间的关系并非一成不变的，而是随着社会、经济等的发展而不断变化的。因此，本节在分析广东高校学科专业结构与产业结构各自的演进历程与演进特征的基础上，进一步分析广东高校学科专业结构调整与产业结构演进的历史逻辑。

一、计划经济下高校学科专业结构的被动调整

中华人民共和国成立后至改革开放前（1949—1978 年）的这一阶段，广东的工业虽然得到一定的发展，但广东的经济及产业结构仍处于相对封闭的状态。这一阶段广东经济发展历程共包括四个时期：1950—1957 年的三年经济恢复和第一个五年计划时期；1958—1962 年的第二个五年计划时期；1963—1965 年的"三年调整期"；1966—1978 年时期。① 其中，1950—1957 年是广东经济发展的第一个"黄金时期"，农业方面，通过社会主义改造，实行农业合作化，促进了农业的发展；工业方面，重点发展了地方工业和轻工业。1958—1962 年间，受"大跃进"运动及严重自然灾害影响，广东经济发展遭受严重挫折。1963—1965 年间，广东贯彻执行中央的"调整、巩固、充实、提高"方针，经济得以恢复与发展。1966—1978 年间，受"文化大革命"影响，广东经济建设发展缓慢。从广东产业结构来看，在这一阶段，广东与全国其他地方一样，实行重工业优先发展战略，形成了重工业高度倾斜发展、轻重工业比例失调、与工业配套的其他产业相对薄弱的产业结构。

从这一阶段产业结构调整所需的人才结构看，广东建设急需各类专业人才，尤其是工业建设方面的工程技术人才。为了更好地为经济建设服务，培养工业发展需要的大量人才，广东贯彻实施中央提出的院校调整政策，即"在统一的方针下，按照必要和可能，初

---

① 参见《广东经济发展演变轨迹》，见 http://www.gdstats.gov.cn/tjzl/tjfx/200612/t20061214_43565.html，2006-12-14。

步地调整全国公私立高校或其某些院系,以更好地配合国家建设的需要"①,将广东十几所高校原有的系科按照文科、理科、工科、农科、医科和师范等分门别类地按各高校性质相近的学科集中起来,分别调整为综合、工科、农科、医科、师范等5所院校(即将广东原有的岭南大学、中山大学、华南联合大学、广东法商学院等十几所公立及私立学校分别调整为中山大学、华南师范大学、华南工学院、华南农学院和华南医学院等5所高校),使高校呈现出综合性大学与专门性学院并存发展的特点。从调整后各高校学科专业结构看,学科专业更加细化,更能适应产业发展对专门人才的需要。如华南工学院的院系调整,将之前的6个院系、29个专业,调整为5个院系、13个专业,调整后的专业有机械制造、无线电通信和广播、工业与民用建筑、工程测量、建筑学、糖品物工学、植物纤维造纸等。②由这些院系调整后的学科专业可以看出,院系调整使广东高校的学科专业结构呈现出精细的特点,所调整的学科专业更加注重与经济产业的密切结合,能够培养适切广东产业发展需要的机械制造、化工等方面的专门人才。

二、改革开放下高校学科专业结构调整的主动优化

改革开放以来(1979—1999年),我国对经济体制进行了一系列改革,开始从传统的计划体制向市场经济体制转变,经济结构发生了根本性变化。广东抓住改革开放的契机,提出优先发展轻纺工业,并进行产业结构调整。20世纪90年代后,随着居民生活水平的提高,居民的消费结构发生了转变,家用电器、零售、汽车等进入大众的视野。消费结构的变化引起产业结构的变化,广东开始以

---

① 马叙伦:《第一全国次高等教育会议开幕词》,载《人民教育》1950年第3期,第12页。

② 《中山大学和华南工学院今年暑期分别进行部分院系专业调整》,载《人民中大》1953年2月11日。

需求为导向进行产业结构调整，广东产业结构呈现出从轻型化向高级化、适度重型化发展的特点。这一阶段的广东三次产业结构发生新的变化，即第三产业开始得到发展，其产值比重于1985年首次超过第一产业，促使广东地区生产总值的增长主要由第一产业、第二产业带动转为由第二产业、第三产业带动的发展阶段，产业结构由之前的"二、一、三"格局转变为"二、三、一"格局，进一步推动广东产业结构趋向合理化、高级化方向发展。

广东产业结构优化调整的同时，高校也开始主动优化调整学科专业结构，以适应产业发展需要，主要表现为两个方面：一是改革开放至20世纪90年代初的学科专业结构调整。针对社会经济的发展需要，增设一些急需专业，合并或撤销了一些适应性差的专业；同时，重点发展计算机、电子、轻纺、财经等广东产业发展所需要的学科专业，进一步增强高校学科专业结构与产业结构的适切发展。二是20世纪90年代末开始的学科专业结构调整。在知识经济发展与科技革命大发展的背景下，广东产业结构调整进程进一步加快，形成了以高端新型电子信息、新能源汽车、半导体照明、生物技术、高端装备制造、节能环保、新能源和新材料为主的战略性新兴产业，以及高新技术产业和现代服务业。一些高校为了适应产业变化对学科专业提出的新要求，主动优化调整自身学科专业结构，增设了一些新兴学科专业，如物联网工程、网络工程、软件工程等工学类学科专业。另外，还通过跨学科研究等形式推动学科交叉发展，培育新的学科增长点，以此推动学科发展对产业的引领作用。

三、经济新常态下高校学科专业结构调整的适应引领

2000年至今，这一阶段是改革开放以来广东经济增长最快的阶段，也是广东经济发展转型的关键阶段。经历了2001—2005年的"十五"计划时期后，广东产业结构逐渐高度化。即第一产业产值比重持续下降，从2000年的9.2%下降到2005年的6.3%，降低

了2.9%。第二产业产值比重呈上升趋势，但幅度较小，从2000年的46.5%上升到2005年的50.3%，增加了3.8%。第三产业产值比重呈现出波动趋势，由2000年的44.3%下降到2005年的43.3%。但在2002年时，第三产业产值比重（47.0%）第一次超过第二产业产值比重（45.5%）。到2005年，三次产业产值比重为6.3∶50.3∶43.3，三次产业产值结构呈现出"二、三、一"的发展趋势。经历2006—2010年的"十一五"规划时期，到2010年，三次产业产值比重为5.0∶50.0∶45.0，三次产业产值结构仍然呈现出"二、三、一"的发展趋势。由于广东产业结构不断优化，经济发展处于比较健康的状态。进入"十二五"规划时期后，产业结构更趋合理化、高度化：第三产业产值比重于2013年再次超过第二产业产值比重，成为第一大产业；第二产业加快转型升级步伐，向高级化、合理化方向发展；第一产业产值比重持续下降。这一时期，三次产业产值结构呈现出"三、二、一"的发展趋势；广东产业结构持续优化。

与此同时，在国际竞争日益激烈、知识经济发展以及科学技术转为生产力的速度越来越快的背景下，科技创新人才成为各国提升竞争力的重要途径，培养高质量的科技创新人才已经成为世界各国共同关注的话题，也是各高校的重要任务。广东高校面向省域产业重大战略需求，尤其是现代产业体系建设和战略新兴产业发展需要，重点建设新材料、生物医学、电子信息、装备制造、环境与能源等理工类学科专业，加强对理工类学科专业的重视。广东在大力发展理工科的同时，注重跨学科、交叉学科、边缘学科、横向学科、综合学科的发展，进一步加强学科间的交叉、渗透、融合发展，使高校学科门类不断增多，并在原有学科的基础上产生新的学科，适应并引领产业发展需要。

第三章 高速发展中的失衡：广东高校学科专业结构与产业结构适切发展的实证分析

由前文适切发展的相关界定可知，高校学科专业结构与产业结构适切发展，既强调高校学科专业结构内部不同学科的布局及所占比重结构、学科专业结构层次之间的相互适切，也强调高校学科专业结构与外部因素（如产业结构）之间的相互适切。本研究中高校学科专业结构与产业结构之间的适切发展，归根结底强调的是学科专业与产业之间的适切问题，因而可依据高校传统的人才培养（数量与质量）、科学研究（科技成果转化）、社会服务等三大职能来分析高校学科专业结构与产业结构的适切状况。并在此基础上，着重从人才培养这一维度对广东高校学科专业结构与产业结构的相关、回归进行分析，通过研究其适切发展的问题，为广东学科专业结构进一步优化调整提供依据。

第一节 广东高校学科专业结构与产业结构适切发展的现状管窥

一、人才培养维度：高校学科专业结构与产业结构的适切状况

（一）不同层次招生学科专业结构与产业结构的适切情况

从高校研究生招生数看，2016年广东省研究生招生总数为

32393人，其中，博士研究生人数为3742人，占总人数的11.55%；硕士研究生人数为28651人，占总人数的88.45%。从高校研究生招生学科结构看（如图3-1所示），近五年间，广东省各学科研究生招生人数变化不太明显，学科结构基本稳定。工学、农学、医学、艺术学等招生人数呈递增趋势，其余各学科均呈递减趋势，其中理学研究生招生人数降幅最大（3.18%）。此外，这五年间工学研究生招生所占比重最大，截至2015年，工学研究生招生人数已占招生总人数的25.46%。

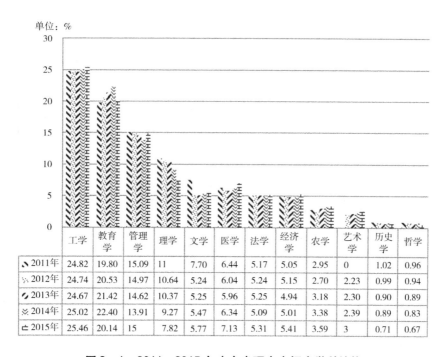

图3-1 2011—2015年广东省研究生招生学科结构

从本科层次招生学科专业结构的情况看，2016年，理工类和医学类招生人数呈大幅增长趋势，其中，理工类招生人数较上一年增加了6879人，增长了7.26%；医学类招生人数与上一年相比增加了2416人，增长了18.58%。经管类招生人数下降幅度最大，与上一年相比，经管类招生人数减少了5351人，下降了5.80%。从学科所占比重（科类构成）来看，与上一年相比，经管类学科的构成下降幅度最大，下降了 2.51%。而理工类学科的构成增长幅度最大，增加了 1.04%；医学类学科的构成增长幅度次之，增加了 0.28%。究其原因，一方面，说明广东省产业结构转型升级导致对高层次理工类人才的需求量增多，因而部分高校增加了理工类学科和医学类学科的招生人数。另一方面，说明广东自 2015 年起实施的高水平大学和高水平理工科大学建设以来取得了一定的成效，调整了广东高校学科专业结构。招生构成中各学科专业结构的具体情况详见表 3-1。①

表 3-1　2014—2016 年广东省高校分学科本科招生人数及科类构成结构

科类	人数					构成/%				
	2014年/人	2015年/人	2016年/人	2015年比上年增长/%	2016年比上年增长/%	2014年	2015年	2016年	2015年比上年增长	2016年比上年增长
人文类	62450	63974	65974	2.44	3.13	25.17	23.23	23.53	-1.94	0.30
理工类	91425	94715	101594	3.60	7.26	36.85	34.39	36.23	-2.46	1.04
教育类	7270	7416	6936	2.01	-6.47	2.93	2.69	2.47	-0.24	-0.22
经管类	86491	92312	86961	6.73	-5.80	34.86	33.52	31.04	-1.34	-2.51
农学类	4027	3978	3548	-1.22	-10.81	1.62	1.44	1.27	-0.07	-0.17
医学类	15542	13004	15420	-16.33	18.58	6.26	4.72	5.50	-1.18	0.28
全省合计	267205	275399	280433	3.06	1.83	100	100	100	—	—

（数据来源：根据 2015 年、2016 年《广东省教育事业发展统计分析》数据整理而成。）

---

① 参见卢晓中《2016 年广东省教育事业发展统计分析》，华南理工大学出版社 2017 年版，第 99 页。

(二) 不同层次在校生学科专业结构与产业结构的适切情况

从高校研究生人数规模看,2015年广东省在校研究生总数为92572人,其中,在校博士研究生人数为14958人,在校硕士研究生人数为77614人。从广东省在校研究生学科结构来看(如图3-2所示),2011—2015年,经济学、教育学、医学、管理学、艺术学在校研究生人数呈递增趋势,其中管理学增幅最大(1.38%);其余学科在校研究生人数均呈现递减趋势,其中,文学类在校研究生人数降幅最大(2.26%)。此外,理学、工学、医学和管理学在校研究生所占比重一直较大,工学在校研究生所占比重最大,截至2015年,其所占比重为25.14%;哲学和历史学在校研究生所占比重最小,均不足1%。

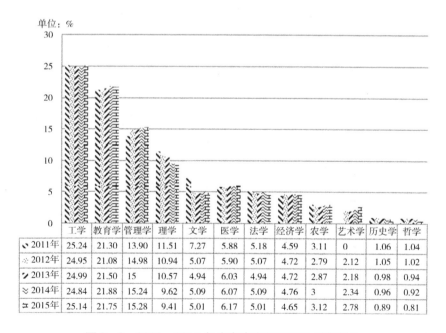

单位: %	工学	教育学	管理学	理学	文学	医学	法学	经济学	农学	艺术学	历史学	哲学
2011年	25.24	21.30	13.90	11.51	7.27	5.88	5.18	4.59	3.11	0	1.06	1.04
2012年	24.95	21.08	14.98	10.94	5.07	5.90	5.07	4.72	2.79	2.12	1.05	1.02
2013年	24.99	21.50	15	10.57	4.94	6.03	4.94	4.72	2.87	2.18	0.98	0.94
2014年	24.84	21.88	15.24	9.62	5.09	6.07	5.09	4.76	3	2.34	0.96	0.92
2015年	25.14	21.75	15.28	9.41	5.01	6.17	5.01	4.65	3.12	2.78	0.89	0.81

图3-2 2011—2015年广东省在校研究生学科结构

整体而言，广东产业结构正面临着转型升级的重要时期，产业结构转型升级必然会引起人才需求的变化，这就意味着需要优化调整研究生学科结构来适应产业结构转型升级的需要。分析近几年研究生各学科比例可以发现：工学学科所占比重最大，其他学科比重均未呈现出太大的变化。这与广东同期的产业结构状况基本一致，一方面，说明学科结构具有相对稳定性，另一方面，说明产业结构调整在一定程度上决定了学科结构的发展，同时会带动高校研究生层次学科结构的变化，引起各学科在校生的结构变化。

近几年来，广东高校学科专业结构继续优化调整。就本科层次在校生学科专业结构情况而言，除个别学科在校生人数较上年明显上涨外，其余各类学科专业在校生结构均变动较小。本科在校生学科专业结构变化的具体情况详见表3-2。2016年，广东省高校本科在校生共1076753人，比2015年增加了35972人，增长了3.46%。就分学科在校生人数而言，除农学类学科在校生人数下降0.76%之外，其他如理工类、人文类、医学类、经管类、教育类等学科在校生人数均呈现出增长趋势，分别增长了5.18%、3.42%、2.46%、2.29%和0.83%。从不同学科在校生的构成结构来看，2016年仅理工类学科比上一年增加了0.57%，其他学科构成结构所占比例均呈现出下降趋势。这与产业结构调整趋势基本相符合，反映出广东产业结构的调整带动了高校理工类学科专业结构的变化，进而引起在校生结构的变化。

表3-2 2014—2016年广东省高校本科分学科在校生数及科类构成结构

科类	人数					构成/%				
	2014年/人	2015年/人	2016年/人	2015年比上年增长/%	2016年比上年增长/%	2014年	2015年	2016年	2015年比上年增长	2016年比上年增长
人文类	229510	239586	247784	4.39	3.42	23.03	23.02	23.02	0.02	-0.01

续表 3-2

科类	人数					构成/%				
	2014年/人	2015年/人	2016年/人	2015年比上年增长/%	2016年比上年增长/%	2014年	2015年	2016年	2015年比上年增长	2016年比上年增长
理工类	337803	352872	371143	4.46	5.18	33.84	33.91	34.47	0.06	0.57
教育类	26849	27478	27706	2.34	0.83	2.67	2.64	2.57	-0.03	-0.07
经管类	322755	339635	347398	5.23	2.29	32.33	32.63	32.26	0.30	-0.37
农学类	14115	14985	14871	6.16	-0.76	1.41	1.44	1.38	0.03	-0.06
医学类	67154	66225	67851	-1.38	2.46	6.72	6.36	6.30	-0.36	-0.06
全省合计	998186	1040781	1076753	4.27	3.46	100	100	100	—	—

（数据来源：根据 2015 年、2016 年《广东省教育事业发展统计分析》数据整理而成。）

总而言之，从不同层次学生的学科专业结构情况来看，广东省理工类、医学类、经管类等社会需求量较大的学科的学生数比例呈上升趋势，教育学、文学等文科类学科学生数比例呈下降趋势。哲学、历史学等则平稳发展。就高校总体而言，学科专业结构得到了不断的优化调整，应用学科得到了较好的发展，基础学科开始得到重视，但学科专业结构也面临着一些问题：一是高校学科专业设置趋同现象严重，在广东 147 所高校中，有相当一部分学科专业设置滞后，专业老化、重复设置较为普遍，无法适应广东经济结构转型的要求，特别是产业结构调整所需要的应用型学科一级新专业、新学科群，以及工科与新兴产业专业相关的新兴学科设置相对较少。二是新兴交叉学科发展缓慢。广东高校学科专业设置未能及时、完全地反映出新兴学科、交叉学科的发展趋势，新兴学科、交叉学科发展缓慢。在高校现有的 12 大学科门类中，社会经济发展特别是现代产业体系建设和产业结构转型升级过程中急需的理工类学科规模比重虽然有所提升，但仍然低于全国平均水平。工科与新兴产业专业设置相对较少,学科专业结构的调整无法跟上产业结构优化的步伐,不利于高校科研创新能力的发展以及产业结构的转型升级。

(三) 不同层次各学科专业毕业生就业与产业的适切现状

就近年来广东省毕业的研究生具体情况而言,研究生层次基本涵盖了 12 个学科。从 2016 年不同学科毕业生比重来看:理学类毕业生人数的增幅最大,与 2015 年相比增加了 25.68%;其次是教育学类,增加了 22.77%。艺术类毕业生比重降幅最大,与 2015 年相比减少了 54.09%;其次是历史学类,减少了 12.50%(见表 3-3)。

表 3-3　各学科研究生毕业人数

单位:人

学科	2015 年	2015 年与 2014 年差额	增幅	2016 年	2016 年与 2015 年差额	增幅
哲学	219	22	11.17%	194	-25	-11.42%
经济学	1379	62	4.71%	1408	29	2.10%
法学	1363	124	10.01%	1292	-71	-5.21%
教育学	1436	-82	-5.40%	1763	327	22.77%
文学	1507	-13	-0.86%	1674	167	11.08%
历史学	240	-52	-17.81%	210	-30	-12.50%
理学	2539	-151	-5.61%	3191	652	25.68%
工学	6227	557	9.82%	5844	-383	-6.15%
农学	834	-475	-36.29%	937	103	12.35%
医学	5221	-92	-1.73%	5620	399	7.64%
管理学	3015	168	5.90%	2641	-374	-12.40%
艺术学	599	210	53.98%	275	65	-54.09%

(数据来源:根据 2015 年、2016 年《广东省教育事业发展统计分析》数据整理而成。)

就留在广东省内就业的毕业研究生就业学科专业相关度①而言（如图3-3所示），医学类的专业相关度最高，为8.49分；哲学类的专业相关度最低，为6.38分。理学和工学的专业相关度分别是6.84分和7.33分，在12大学科门类中分别居第10位和第9位。这说明高校研究生层次的理工类学科毕业生所从事的工作与其自身专业相关度之间存在一定的失衡，也说明高校研究生层次的理工类人才培养与产业发展人才需求之间存在一定的矛盾，两者之间的适切性有待提升。

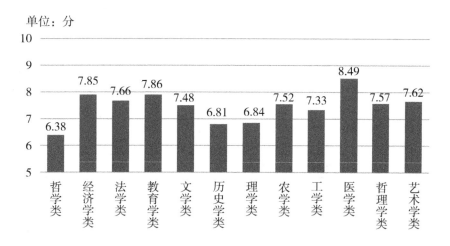

图3-3 2016年毕业研究生就业各学科专业相关度情况

从表3-4可以看出，近年来广东省高校本科毕业生人数整体呈增长趋势。就不同学科而言，2016年，哲学、经济学、工学、农学、管理学、艺术学等保持持续增长的趋势，与2015年相比，分别增加了14人、108人、3747人、417人、3305人、1778人，分别增长了 10.07%、0.55%、6.50%、14.39%、6.09%、12.44%。法学、教育学、理学、医学等学科的毕业生人数有所减

---

① 专业相关度：10分表示为工作与专业最对口。该数据来源于《2016年广东省高校毕业生就业质量年度报告》上专业相关度部分内容。

少，与 2015 年相比，分别减少了 330 人、139 人、552 人、78 人，分别下降了 3.27%、2.16%、3.23%、0.56%。由此可知，就不同学科而言，与 2015 年相比，2016 年本科毕业生人数中增幅最大的是农学，增长了 14.39%，其次是艺术学、农学、哲学、工学等；降幅最大的是法学，降低了 3.27%，其次是理学，下降了 3.23%。

表 3-4 广东高校本科毕业生人数情况

单位：人

专业	2012 年	2013 年	2014 年	2015 年	2016 年
哲学	126	123	163	139	153
经济学	15009	17352	18040	19599	19707
法学	9135	9559	9511	10088	9758
教育学	6337	6338	6002	6424	6285
文学	33197	23432	23854	26801	27949
历史	1062	1246	1274	1096	1125
理学	17084	16163	16844	17064	16512
工学	43098	50427	55904	57630	61377
农学	2406	2731	2908	2897	3314
医学	12922	13752	13907	13832	13754
管理学	40957	46527	49541	54279	57584
艺术学	—	12841	13474	14296	16074

（数据来源：根据历年广东教育统计数据整理而成。）

就留在广东省内就业的本科毕业生就业的学科专业相关度而言，医学类的专业相关度最高，为 8.11 分；哲学类的专业相关度最低，为 4.07 分。理学和工学的专业相关度分别是 6.37 分和 6.67 分。从国家设置的标准专业看，本科就业专业相关度最高的前 20 位专业中，属于理工类学科专业的共有 4 个（详见表 3-5），专业名称与分值分别是建筑学（8.48）、软件工程（7.75）、给水排水工程（7.62）、土木工程（7.43）；本科就业专业相关度最低的前

20位专业中,属于理工类学科专业的共有14个,分别是食品质量与安全(5.16)、生物工程(5.38)、电子科学与技术(5.51)、光信息科学与技术(5.60)、车辆工程(5.70)、统计学(5.76)、食品科学与工程(5.76)、应用化学(5.89)、生物技术(5.98)、电子信息科学与技术(6.06)、电子信息工程(6.10)、化学工程与工艺(6.10)、自动化(6.11)、通信工程(6.11)。

表3-5 2016年本科毕业生专业相关度情况

专业相关度最高的前20位专业											
专业名称	分值	排名	专业名称	分值	排名	专业名称	分值	排名	专业名称	分值	排名
护理学	8.95	1	体育教育	7.96	6	艺术设计	7.70	11	财务管理	7.59	16
临床医学	8.70	2	数学与应用数学	7.82	7	会计学	7.66	12	汉语言文学	7.57	17
建筑学	8.48	3	汉语言	7.76	8	历史学	7.62	13	药学	7.51	18
学前教育	8.42	4	广告学	7.76	9	给水排水工程	7.62	14	音乐学	7.50	19
预防医学	8.00	5	软件工程	7.75	10	法学	7.60	15	土木工程	7.43	20
专业相关度最低的前20位专业											
专业名称	分值	排名	专业名称	分值	排名	专业名称	分值	排名	专业名称	分值	排名
食品质量与安全	5.16	1	旅游管理	5.73	6	应用化学	5.89	11	电子信息工程	6.10	16

续表 3-5

专业相关度最低的前 20 位专业											
专业名称	分值	排名	专业名称	分值	排名	专业名称	分值	排名	专业名称	分值	排名
生物工程	5.38	2	统计学	5.76	7	生物技术	5.98	12	物流管理	6.10	17
电子科学与技术	5.51	3	食品科学与工程	5.76	8	行政管理	6.01	13	化学工程与工艺	6.10	18
光信息科学与技术	5.60	4	日语	5.81	9	电子信息科学与技术	6.06	14	自动化	6.11	19
车辆工程	5.70	5	对外汉语	5.85	10	国际经济与贸易	6.08	15	通信工程	6.11	20

（资料来源：根据 2015 年、2016 年《广东省高校毕业生就业质量年度报告》整理而成。）

二、科学研究维度：高校学科专业结构与产业结构的适切状况

科学研究作为高校的重要职能，是高校学科建设的关键。一方面，它是高校知识生产与应用过程的集中表现，其科研水平的高低常常作为判断学科建设和发展水平的一项重要指标。另一方面，科学研究是学科建设的基础和内在动力，通过科学研究获得的新发现、新成果等能够推动传统学科的改造和学科的融合，引起学科的分化或综合，催生新兴学科和交叉学科的出现。而学科作为高校中关乎全局的核心工程，影响着高校科研水平的提升与学校整体的发展。一方面，高校中的学科建设在科研中起着关键作用，如世界科学技术领域的重大发现和突破都和某一学科的发展与创新密切相关。另一方面，高校学科建设影响着高校科学研究的发展，即在学

科建设中,一些学科能够为科学研究提供大量课题,促使相应学科的科研资料得到积累,科研水平得以提高。而学科建设中专业人才的培养,又为科研的开展奠定了基础。因此,科学研究与学科建设之间存在相辅相成的辩证关系。本节主要从科学研究维度来探讨不同学科(尤其是理工类学科)在科学研究方面与产业的适切状况。

(一) 高校科学研究的基本情况

首先,高校的科学研究在推动产业结构优化升级中的作用日益凸显。广东产业结构的优化升级,很大程度上依靠其科技进步来推动。1998年9月颁布的《关于依靠科技进步推动产业结构优化升级的决定》,是广东省开始顺应世界科技、经济发展趋势,迎接全球化和知识经济挑战做出的重要抉择。此后,广东高校的科技活动无论在数量,还是在质量上都得到了发展,不仅在科技方面的作用日益凸显,而且在推动产业结构优化升级方面也起到了一定的推动作用。

从表3-6可知,广东高校中拥有的研究机构/技术开发机构数量呈增长趋势,从1998年的393个增长到2018年的1232个,增加了839个。广东高校中科技活动人员数从1998年的4.45万人增加到2018年的7.64万人。与此同时,广东高等院校的科技活动经费持续增长,从2000年的6.89亿元增长到2018年的184.32亿元,增加了近27倍。可见,随着《关于依靠科技进步推动产业结构优化升级的决定》《广东省中长期科学和技术发展规划纲要》《中共广东省委 广东省人民政府关于全面深化科技体制改革加快创新驱动发展的决定》等促进科技发展、加快创新驱动发展等的政策的出台,广东省进一步提升了对科技发展的重视程度,高校作为科技活动众多参与部门中的一个,其科技发展也相应地得到了一定的重视。可以说,高校科研在推动科技发展、产业结构优化升级方面具有一定的促进作用。

表 3-6 科技活动机构概况

具体类别	1998 年		2000 年		2005 年		2010 年		2014 年		2018 年	
	合计	高校	合计	高校	合计	高校	合计	高校	合计	高校	合计	高校
研究机构/技术开发机构数/个	—	393	2566	343	3181	220	4457	455	5294	704	—	1232
科技活动人员/人	137700	44540	222000	21023	354500	49600	238078	26735	—	—	—	76361
科技活动经费/万元	—	35500	2408000	68900	2436835	42522	8087500	285800	16054500	—	—	18432000
R&D 活动经费/万元	—	—	1071000	37000	197920	27035	4665511	50685	16054500	498200	—	—

（数据来源：根据 1998—2019 年《广东科技统计年鉴》数据整理而成。）

其次，高校在科学研究过程中的不同方面也取得了一定的发展。从表3-7可以看到，高校科学研究在科技项目数量、专利申请数量、科技论文发表数量、出版科技著作种类等方面获得的成果。高校科技项目数量方面，1998年高校科技项目数量为8905项，占全省课题总数的45.69%；2018年高校科技课题数量增加到77060项，占同年全省课题总数的60.6%。在这十几年间，高校科技项目数量增加了68155项，这在一定程度上说明了高校在科技项目研究方面的作用日益显著，呈增加趋势。在高校发表科技论文数量方面，1998年高校共发表科技论文18862篇，占全省科技论文总数的81.07%；2018年高校共发表科技论文72879篇，较1998年增加了3.86倍。由此可见，高校发表科技论文数量在总数上呈现出增长趋势，但在全省发表科技论文总数中的比重呈现出下降趋势。在出版科技著作方面，1998年，广东高校共出版科技著作1095种，占全省科技著作出版总数的91.17%；2018年，广东高校共出版科技著作1211种。据此可以推断，广东高校科技著作出版种类在总数量上呈现缓慢增长趋势。就申请专利数而言，广东高校专利申请数量从1998年的112件增加到2018年的15833件。而从专利授权数看，1998年，广东高校专利授权数为50件，占广东省专利授权总数的9.22%；2018年，广东高校专利授权数为4226件，这10多年间，广东高校专利授权数量增加了4176件。与专利申请数量相比，专利授权数量每年虽然也呈现增长趋势，但仍然相对较少。

表3-7 科研课题及科技产出情况

具体类别	1998年		2000年		2005年		2008年	
	合计	高校	合计	高校	合计	高校	合计	高校
科技项目数/项	19491	8905	—	—	47483	20392	72643	31356
专利申请数/件	899	112	5198	292	21106	1095	42739	2019

续表 3-7

具体类别	1998年		2000年		2005年		2008年	
	合计	高校	合计	高校	合计	高校	合计	高校
专利授权数/件	542	50	—	146	—	423	—	—
发表科技论文/篇	23264	18862	31111	23906	57249	43598	69003	54450
出版科技著作/种	1201	1095	1687	1479	2076	1791	2424	2106
具体类别	2009年		2010年		2011年		2018年	
	合计	高校	合计	高校	合计	高校	合计	高校
科技项目数/项	64544	31262	72802	35804	78772	39157	127184	77060
专利申请数/件	61083	2588	61819	3427	81975	3930	27235	15833
专利授权数/件	—	—	—	—	3562	2363	12988	4226
发表科技论文/篇	77615	58038	78862	60176	92515	62028	—	72879
出版科技著作/种	2500	2185	2329	1991	2373	2024	—	1211

（数据来源：根据1998—2019年《广东科技统计年鉴》数据整理而成。）

综上可知，从高校的科技机构数、从事科技活动的人数、科技项目数量、发表科技论文数量、出版科技著作种类、申请与授权专利数量等方面的发展状况来看，高校科学研究在促进科技发展方面起到了一定的作用。而科技发展对产业结构优化升级也具有一定的推动作用，从这个意义上来看，从高校科技活动方面来研究高校科学研究对产业结构的适切状况，是选择科学研究维度来分析高校学科与产业适切发展的原因之一。

(二) 高校理工类学科科学研究的状况

20世纪80年代初,为了推动我国科技发展,国务院于1986年批准成立了面向全国的自然科学基金,以更好地促进基础学科建设,发现和培养科技人才等。同一时期,广东设立广东省科委科学基金,高度重视广东自然科学等的发展,并取得了一定成效。

从总体情况看,近十几年广东省获得国家自然科学基金项目的数量与经费等方面均呈现出大幅度增长趋势。项目数从2000年的221项增加到2018年的3775项;经费数从2000年的3723.5万元增加到2018年的201000万元。从全国排名情况来看,广东省每年获得的国家自然科学基金项目数在全国排名中比较稳定,稳居前5位。具体而言,广东高校获得国家自然科学基金项目数量在全省所获该项目总数中占据较高的比例。如2000年,广东高校获得国家自然科学基金项目174项,占全省获得国家自然科学基金项目总数的78.7%;2018年,广东省获国家自然科学基金项目数为3775项,其中,获批的2项国家自然科学基金重大项目中,有1项是由高校获得。国家自然科学基金重大研究计划2项,分别由中山大学和华南理工大学获得。由此可见,高校在广东省获得国家自然科学基金项目数量方面占一定的比例,这也从另一方面说明高校在推动广东省基础研究方面占有重要地位。

表3-8 广东省获得国家自然科学基金情况

年份	项目数/项	经费/万元	全国排名
2000	221	3723.5	4
2005	835	15098.0	5
2010	1578	53800.0	4
2011	2101	100000.0	—
2013	2373	140000.0	4
2014	2362	15190.0	4
2018	3775	201000.0	4

(数据来源:根据2001—2019年《广东科技统计年鉴》数据整理而成。)

从广东自然科学基金资助情况看（详见图3-4），2000年到2018年间，广东自然科学基金批准（或立项）项目（主要包含研究团队、自由申请、重点项目、博士后启动、杰出青年基金项目等）数量呈现出总体增长的态势。其中，第一个增长期是2000年至2005年，立项数从272项增加到2005年的835项，之后立项数有所减少；第二个增长期是2008年到2018年，立项数从2008年的827项增加到2018年的1578项。这在一定程度上说明了广东省对自然科学领域的重视程度不断增加，体现了广东省在基础学科建设、科技人才培养等方面的重视度不断增强。

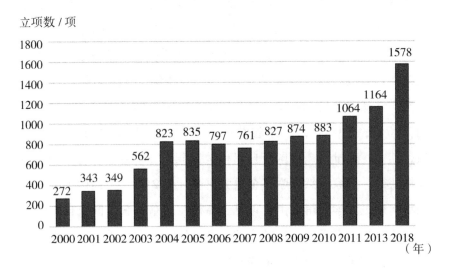

图3-4 广东自然科学基金资助（立项）项目数

从广东自然科学基金在各学科面上项目立项情况看（详见表3-9），近些年来，广东自然科学基金批准（或立项）项目数量呈现出总体增长的态势，其中，理工类学科获得资助项目数量的增长幅度最为明显。具体到理工类的不同学科而言，生物技术和生命科学的资助力度最大，批准项目数量最多；其次是信息、材料和化学等学科。这一方面说明近十几年来，随着广东产业结构的转型升级，广东省自然科学基金围绕广东省电子信息、生物技术、新材料、人口与健康、农业、环境与资源等高新技术领域及产业开展应用基础研究，进一步加大了其在重点支柱产业和领域的关键技术攻关方面的重视力度。另一方面，据不完全统计，广东省的高新技术成果有60%以上源于基础研究，从侧面说明这些自然科学基金项目在推动产业发展及其产业结构升级方面发挥了一定的前瞻性和先导性作用，也说明广东省对理工类学科促进产业结构优化升级方面的重视程度在不断加强。

表3-9 广东省自然科学基金项目在各学科面上项目立项情况

学科	2006年		2009年		2011年		2013年	
	自由申请项目立项数	博士科研启动项目立项数	自由申请项目立项数	博士科研启动项目立项数	自由申请项目立项数	博士科研启动项目立项数	自由申请项目立项数	博士科研启动项目立项数
数理	17	10	15	21	20	21	21	14
化学	34	20	32	29	35	29	37	24
生物技术	39	21	—	—	365	174	84	55
医学	195	103	—	—	—	—	355	105
生科	—	—	289	152	25	20	23	19
地球	21	11	21	19	46	35	48	34
材料	42	24	35	35	61	60	71	41
信息	43	29	49	34	54	41	48	26
管理	24	27	30	38	606	380	687	318
农学	51	18	—	—	20	21	21	14
合计	466	263	471	328	1232	781	1395	650

注：由于2000—2004年没有分学科统计的资料，故整理2006年以后的分学科数据，其中，2018年也没有具体分学科统计资料。

（数据来源：根据2000—2019年《广东科技统计年鉴》数据整理而成，仅选取部分数据。）

从广东省获得国家级科技奖励成果情况看（详见表3-10），获奖情况整体上呈现出增长趋势。其中，国家科技进步奖的获得数量相对其他奖项而言最多，这说明广东在技术研究、开发、创新、推广应用先进科技成果或促进高新技术产业化等方面逐步增强。而在国家自然科学奖获得方面，近年来，广东呈现出以下特点：在获奖数量上，整体呈现出相对稳定的趋势；在获奖项目的学科分布上，奖项集中分布在生命科学、材料、地理科学等理工类学科领域；在获奖项目参与单位方面，高校起着主要的作用，如2013年共获得国家自然科学奖4项，其中3项均由广东高校作为主要完成单位参与并获奖；2018年共获得国家自然科学奖2项，均由高校作为第一完成单位或第一完成人获奖。这说明，广东高校在生命科学等基础研究和材料等领域的应用基础研究中占据重要的地位，尤其是在信息、材料、工程技术等学科的应用基础研究方面具有一定的优势，但在数学、物理、化学等学科的基础研究方面还有待加强。

表3-10 国家级科技奖励成果情况

	项目	2000年	2002年	2004年	2005年	2006年	2007年	2008年	2009年	2010年	2011年	2012年	2013年	2018年
广东省获得国家级科技奖励成果情况	合计	24	13	21	15	19	29	30	26	36	34	26	28	45
	国家技术发明奖	—	1	1	1	1	2	1	1	2	5	5	10	7
	国家自然科学奖	—	—	—	1	2	3	4	2	1	5	3	4	2
	国家科技进步奖	24	12	20	13	16	24	25	23	33	23	18	14	36
广东高校		7	2	6	15	4	—	—	10	14	14	7	10	9

（数据来源：根据2000—2019年《广东科技统计年鉴》数据整理而成。）

综上可知,随着广东高校对理工类学科重视程度的加强,广东高校在理工类学科专业的基础研究与应用研究方面取得了显著成效。这也从侧面说明了在科学研究维度上,广东高校理工类学科专业在推进产业发展方面的作用开始逐渐凸显,二者之间呈现出一定的适切性。

三、社会服务维度:高校学科专业结构与产业结构的适切状况

直接为社会服务是现代高校的第三项职能,它与人才培养、科学研究职能也是密切相关的。高校社会服务的一些具体实践起源于美国,并在20世纪后半期逐渐兴盛。之后,随着高校在区域经济社会发展中的作用日益增强,世界各国政府开始重视高校的社会服务职能。根据一些学者(翁秋怡[1]、张宝友等[2])对社会服务评价指标的研究,可将社会服务产出内容概括为:研究报告采纳数、社会培训数、专利授权数和技术转让收入、科研技术服务(科研社会回报率、校企联合研究中心)、专家咨询服务等。本节主要从高校专利授权数、技术转让、校企联合研究中心、产学研等方面进行探讨。

(一)高校专利授权数情况

专利不仅是科技创新、自主创新等重要成果的体现,也是衡量科技创新能力的重要指标,更是最新科技成果的主要载体之一及科技创新的重要信息来源。[3] 而专利授权数量则是衡量创新活动中知识产出水平的一个通用指标,是知识性成果的一种直接反映,能够

---

[1] 翁秋怡:《我国高校科研、教学和社会服务效率趋势研究》,载《当代教育科学》2017年第10期,第82页。
[2] 张宝友、黄祖庆:《论高校社会服务评价指标体系》,载《黑龙江高教研究》2009年第8期,第43页。
[3] 参见杨木容《面向科技创新的高校图书馆专利信息服务平台建设》,载《图书馆理论与实践》2010年第1期,第82~84页。

直观地反映出一个地区或区域的科技实力和科技创新能力。高校作为我国科技创新源头，是我国实施自主知识产权战略的一支重要力量。因此，研究广东高校专利授权数、了解其在不同学科领域内所持有的专利状况，有助于了解其在该区域社会经济发展服务方面的创新能力和贡献。

表3-11是2000—2018年广东普通高校专利申请与授权情况。从表中数据可以看出，广东高校专利申请量呈逐年增长趋势，专利授权数量呈现出先上升再下降趋势，整体趋于增长状态。其中，在2012年之后，专利授权量的增幅较大，2012年增加了860件，2013年增加了1076件，而2014年减少了232件，2018年专利授权数量已达12988件。整体而言，除个别年份有波动外，其基本呈增长趋势，这说明广东高校的技术创新能力正在不断增强。

表3-11 广东普通高校专利申请与授权情况（2000—2018年）

年份	专利申请量		专利授权量/件
	总数/件	其中：发明专利量/件	
2000	290	—	146
2002	454	332	168
2005	1095	790	423
2006	1496	1176	577
2007	1676	1324	762
2008	2019	1583	927
2009	2585	1881	1414
2010	3427	2332	1906
2011	3930	2593	2363
2012	5269	3030	3223
2013	6048	3639	4299
2014	7213	4444	4067
2018	27235	15833	12988

（数据来源：根据2000—2019年《广东科技统计年鉴》数据整理而成。）

从专利申请与专利授权数的整体情况看，自国内专利申请和授权工作开展以来，广东的专利申请和授权总量逐年递增。广东普通高校专利申请与专利授权数量的整体情况，呈现出逐年递增趋势。其中，发明类别的专利申请数量从2002年的332件增长到2018年的15833件，增加了15501件。发明专利申请量在总专利申请量中所占的比重从2002年的73.13%下降到2018年的58.13%，减少了15%。广东高校专利授权数则从2000年的146件增加到2018年的12988件。由此可见，广东高校专利申请和专利授权之间差距较大，高校专利授权量有待进一步提升。

从高校专利申请与专利授权数的具体情况而言，华南理工大学、广东工业大学等理工科大学专利授权量在广东各高校中占据重要地位。如华南理工大学2014年专利授权总量为1390件（其中发明专利授权651件），该专利授权量占广州市大专院校总量的47%；其发明专利授权量（651件）在全国高校中位居第七，占广州市大专院校总量的45%。除此之外，中山大学、汕头大学、华南农业大学、华南师范大学等高校在专利授权量方面也占据一定的比例。由此可见，广东各高校专利授权情况存在一定差距，一些理工类院校专利授权情况有待提升。

（二）高校技术转让情况

高校技术转让是指高校在取得科技成果后，一次性地把部分或全部专利以特许权等形式有偿转让给其他生产企业来进行转化。从广义上讲，这是一个分享知识的过程。高校作为知识创新的重要源头，蕴藏着丰富的科技资源，其自身的技术转让，不仅是高校科技成果转化为现实生产力的重要途径，也是高校面向经济建设为社会服务的主要形式，更进一步拓展了高校的社会服务职能。

《广东科技统计年鉴》显示，近些年来，广东高校支出的R&D（研究与试验发展）经费呈现出大幅增长的趋势，从2000年的3.16亿元增加到2018年的184.32亿元。广东高校每年的专利申请量、专利授权量等亦呈大幅度上升趋势,申请专利从 2000 年的 290 件增加到 2018 年的 27235 件,其中发明专利增加到 15833 件;授权专利从 2000 年的 146 件增加到 2018 年的 12988 件。这些数据显示广东高校的科学研究取得了一定的现实成果。

就技术转让情况而言(详见表 3-12),高校技术转让数量由 2000 年的 127 件增长至 2014 年的 348 件,整体呈现出增长趋势。2018 年技术转让数量最多,达 397 件。技术转让合同金额从 2000 年的 0.74 亿元增至 2018 年的 2.56 亿元,实际收入(实到金额)也由 2000 年的 0.34 亿元增至 2018 年的 1.97 亿元。由此可见,广东高校技术转让数量和合同金额总体上是增长的,但并不是处于持续增长的状态,在一些年份也呈现出下降的趋势。从技术转让的实际收入来看,技术转让的实际收入大致逐年增长,其实际收入远远大于专利收入。这从侧面说明,技术转让合同能够帮助高校获得更多的经济利益,而专利出售的实际收入未能呈现出明显的规律,究其原因,可能是因为专利出售是一个长期的过程,所支付的合同金额并不能完整地反映技术出售所带来的收益。

表 3-12 广东普通高校技术转让情况(2000—2018 年)

年份	技术转让数量/件	合同金额/亿元		实到金额/亿元	
		总额	其中:发明专利金额	总额	其中:发明专利金额
2000	127	0.74	—	0.34	—
2002	146	1.24	0.17	0.31	0.06
2005	71	0.59	0.06	0.26	0.04
2006	73	0.48	0.16	0.20	0.06
2007	126	0.67	—	0.45	—
2008	226	1.35	0.28	0.62	0.17
2009	352	1.67	0.62	0.78	0.42
2010	291	2.10	—	1.02	—
2011	258	1.37		0.90	

续表 3-12

年份	技术转让数量/件	合同金额/亿元		实到金额/亿元	
		总额	其中：发明专利金额	总额	其中：发明专利金额
2012	307	1.96	—	0.96	—
2013	252	1.70	—	1.09	—
2014	348	2.11	—	1.30	—
2018	397	2.56	—	1.97	—

注："—"表示没有单独计算专利转让金额。

（数据来源：根据 2000—2019 年《广东科技统计年鉴》数据整理而成。）

综上可知，虽然高校每年创造出大量的科技成果，申请和授权大量的专利，但是，其科技成果转化率相对较低，许多优秀成果并没有真正地走出"象牙塔"，并未能真正地在经济社会中实现其效益；其专利技术所催生出的技术转让数量呈现出相对不足的特点。这不仅在一定程度上造成了科技资源的浪费，也无法真正实现高校的社会服务功能。

（三）高校产学研合作情况

高校产学研合作是促进高校科技成果转化、推动高新技术产业发展的新的经济增长点，也是高校学科服务地方经济产业发展的路径之一。近些年来，广东省政府为了实现产业结构调整和经济转型，高度重视产学研合作，加大了产学研合作的投入力度。同时，广东高校也越来越多地认识到政府在创新体系建设中的重要作用，通过建设产学研合作平台、校企合作研究中心等途径对产学研合作做出积极、及时的响应，在为高校自身发展争取更多资源和有利条件的同时，也进一步服务了区域社会经济产业的发展。

1. 高校理工类产学研经费强度平稳增长

就高校的科技经费来源而言，主要由政府经费（主要包括教育部门划拨的科研事业经费与政府划拨的各种专项科研经费）、企事业单位委托经费和其他经费（包括学校各种收入中转为科技活动的经费）三部分构成。① 其中，企事业单位委托经费主要是指高校从校外企事业单位所获得的研究经费，该委托经费在一定意义上可以作为衡量高校产学研合作规模的指标。根据《广东省科技统计年鉴（2001—2019年）》中相关经费数据可知，广东高校所获企事业单位委托经费呈现出持续增长的趋势，由2001年的2.35亿元增加到2018年的36.19亿元，高校产学研经费强度（即高校科技活动经费中企事业单位委托经费所占比例）在2001年和2008年分别为31.2%和17.52%。就2018年而言，全省普通高校当年企事业单位投入的科技类经费为31.71亿元，科技类产学研经费强度为17.20%；全省普通高校当年企事业单位投入的人文社科类的经费为4.48亿元，人文社科类产学研经费强度为20.16%。这说明在高校科技活动科研经费增加的同时，人文社科类获得的企事业单位委托经费也呈现出增长趋势，与人文社科类学科相比，高校理工类、医学类等学科获得的企事业单位委托科研经费的增加幅度较小。高校产学研经费强度的增加，在一定程度上说明高校自然科学与人文学科产学研合作规模呈现出扩大的趋势。

2. 理工类学科专业与企业合办科研机构趋势显著

高校与企业之间基于合作双方联系及互动的需要而共同建立一些研究机构（校企研究中心、校企研究基地等），是建立产学研长效合作机制的重要体现。从广东部分高校的具体情况来看，理工类学科专业与企业合办科研机构的数量明显高于其他学科，合作较多的学科为机械工程、材料科学、电子信息、新能源、计算机等。如华南理工大学与企业在装备制造、新材料、新能源和电子信息等广东战略性新兴产业领域广泛开展合作，并与一些企业共建联合研发中心平台（如与佛山三技精密机械有限公司等共建联合研发中心平台）、协同创新中心、省部产学研创新联盟；广东工业大学与企业

---

① 参见马卫华、许治《我国高校产学研合作现状与特点》，载《科技管理研究》2010年第23期，第109页。

建立的创新平台、企业联合实验室等。这些都在一定程度上说明广东高校与企业合办的科研机构主要集中在广东战略新兴产业领域，也说明了高校产学研具有一定的科技成果转化的价值取向。

综上可知，在服务社会维度方面，高校在专利申请数与专利授权、高校技术转让数量等方面呈现出明显的增长趋势；在产学研方面，高校自然科学产学研合作规模呈现出扩大的趋势，这些都说明广东高校理工类学科专业与产业发展方面的作用开始凸显，且呈现出适切发展的特征。

第二节　广东高校学科与产业结构适切发展现状的统计分析

随着广东省经济、社会的发展，其高等教育在规模和质量上均得到突飞猛进的提高，这为增强广东综合实力提供了必要的人力资本。一方面，依据高校学科专业结构与产业结构二者的互动机理可知，人力资本（人才）在高校学科专业结构与产业结构适切发展中起着重要作用。它是连接学科专业结构与产业结构这两个维度的纽带，即产业结构影响着人才需求结构，人才需求结构又受到高校学科结构的影响，学科专业结构决定着人才培养结构，高校学科专业结构主要通过人力资本供给（人才培养结构）来适应产业结构需要。另一方面，依据高校传统的三大职能可知，人才培养是高校最基本的职能，也是高校的核心工作。人才培养作为高校的核心工作，在一定程度上影响着科学研究和社会服务职能的实现，即高校培养的人才可以通过参与科研的形式来推动科学研究的发展，也可以通过参加就业等形式来服务社会。因此，依据人才培养的重要性以及研究收集到的数据资料等情况，本节主要对广东高校理工类学科专业结构中的人才培养与产业结构适切状况进行统计分析。

一、广东高校理工类学科专业与产业结构的相关分析

（一）相关分析的理论依据

相关分析是分析两个变量之间观测值变化的一致性程度或者密切程度的一种统计方法。相关系数是用来度量定距型变量间的线性相关关系。一般而言，相关系数反映了两个变量间线性相关程度的强弱。不同取值水平反映了不同的相关关系，相关系数的绝对值大于0.8，表示两个变量间存在较强的线性关系；相关系数绝对值小于0.3，表示两个变量间存在较弱的线性关系。但是，在进行相关分析的实际操作过程中会发现两个变量之间存在着复杂的关系，有这时候两者之间的关系会受到其他因素的影响，以至于简单的相关关系不能够准确反映出两者之间的关系。这时候，就需要对两个变量进行偏相关分析，即利用偏相关系数来反映变量之间的净相关性。

由前文论述及相关文献分析可知，高校学科专业结构与产业结构之间不仅存在着互动关系，而且存在着一定的互动机理。由广东高校学科专业结构优化调整进程与广东产业结构演进历程可知，二者之间在不同时期呈现出不同的关系特点，但总的来说，产业结构的优化升级能够促进高校学科专业结构的调整，同时，高校学科专业结构的优化调整在稳定一段时间后又可以推动产业结构的优化升级。因此，基于高校学科专业结构与产业结构之间的关系与互动机理等内容，本节主要通过对广东高校学科专业结构数据与产业结构数据进行统计分析，利用统计方法对二者之间的内在联系进行定量分析。在分析二者之间相关性问题的基础上，再进行回归分析。

（二）相关分析的研究内容

研究假设：在对广东高校学科结构与产业结构之间的关系进行分析之前，先对六大类学科毕业生人数比重与其所对应的产业产值

比重相关性做假设检验分析。具体而言，一是提出假设，即 H_{01}：人文学科毕业生人数比重与其对应产业产值比重之间存在相关性；H_{02}：教育类学科毕业生人数比重与其对应产业产值比重之间存在相关性；H_{03}：经管类学科毕业生人数比重与其对应产业产值比重之间存在相关性；H_{04}：理工类学科毕业生人数比重与其对应产业产值比重之间存在相关性；H_{05}：农学学科毕业生人数比重与其对应产业产值比重之间存在相关性；H_{06}：医学学科毕业生人数比重与其对应产业产值比重之间存在相关性。H_1：人文学科毕业生人数比重与其对应产业产值比重之间不存在相关性；H_2：教育类学科毕业生人数比重与其对应产业产值比重之间不存在相关性。H_3：经管类学科毕业生人数比重与其对应产业产值比重之间不存在相关性；H_4：理工类学科毕业生人数比重与其对应产业产值比重之间不存在相关性；H_5：农学学科毕业生人数比重与其对应产业产值比重之间不存在相关性；H_6：医学学科毕业生人数比重与其对应产业产值比重之间不存在相关性。二是在对不同学科毕业生数比重与其对应产业产值比重进行相关分析的基础上，如果发现不同学科专业毕业生数比重与其对应产业产值比重存在简单相关关系，则需要进一步分析其中的净相关关系。

样本选择：本研究主要采用 2006 年至 2016 年广东高校教育类、经管类、理工类、农学类、医学类等五大类学科（为了统计方便，将十一大学科门类分为人文类、经管类、教育类、理工类、医学类、农学类等）的毕业生人数比重来反映高校学科专业结构变化情况，用广东三大产业（第一、第二、第三产业）产值比重表示产业结构变化情况，利用 SPSS 16.0 统计分析软件，结合相关分析与偏相关分析的基本原理，对广东高校学科专业结构数据与产业结构数据进行相关与偏相关分析。

数据来源：一是广东高校学科专业结构数据来源（具体数据详见附录表一）。根据广东省发布的《2016 年广东高校毕业生就业质量年度报告》显示，广东高校毕业生就业专业的相关度较高。因此,研究选用高校毕业生人数比重作为变量,来分析其与广东产业结构的相关性。为了研究的方便,假设毕业生在实际工作中从事着与学科相关的行业,然后分别选取2006—2016年广东普通高校本科生分学科毕业生人数比重值、2010—2015年研究生分学科毕业生人数比重值作为计算学科专业结构的指标。二是产业结构数据来源(具体数据详见附录表二)。依据《广东统计年鉴》选取2006—2016年广东三大产业产值分别占该年总产值的比重值作为产业结构数据,即第一产业产值比重、第二产业产值比重和第三产业产值比重。

(三) 广东高校学科专业毕业生比重与三大产业产值比重的相关分析

1. 本科层次

(1) 人文类学科毕业生人数比重与三大产业产值比重的相关分析。

从表3-13可知,人文类学科毕业生人数比重和三次产业产值比重的相关系数分别是0.204、-0.543、0.508,这说明人文类学科毕业生人数的比重与第一产业之间呈弱相关,与第三产业之间存在着较强程度的相关。

表3-13 人文类学科毕业生人数比重与三大产业产值比重的相关分析

		人文类	第一产业产值比重	第二产业产值比重	第三产业产值比重
人文类	Pearson 相关性	1	0.204*	-0.543	0.508**
	显著性(双侧)	—	0.571	0.105	0.133
	N	10	10	10	10

注:*表示在0.05水平(双侧)上显著相关;**表示在0.01水平(双侧)上显著相关。

(2) 教育类学科毕业生人数比重与三大产业产值比重的相关与偏相关分析。

通过分析散点图可以看出，教育类学科毕业生人数比重与三大产业产值比重之间存在一定的相关性（如图 3-5 所示）。然后进行简单的相关分析（详见表 3-14）。

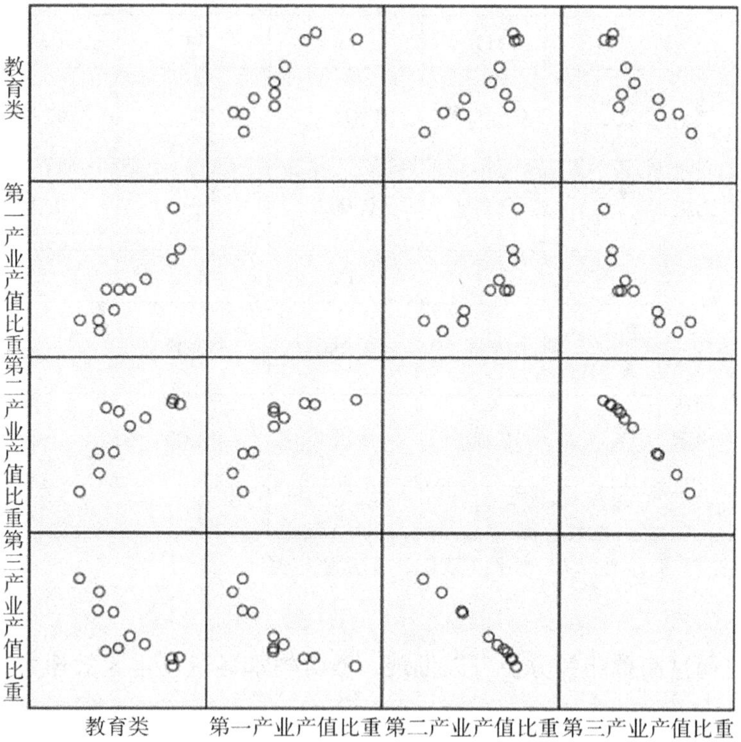

图 3-5 教育类学科毕业生人数比重与三大产业产值比重的散点图

表 3-14 教育类学学科毕业生人数比重与三大产业产值比重的相关分析

		教育类	第一产业产值比重	第二产业产值比重	第三产业产值比重
教育类	Pearson 相关性	1	0.895**	0.802**	-0.825**
	显著性（双侧）	—	0.000	0.003	0.002
	N	11	11	11	11

续表 3-14

		教育类	第一产业产值比重	第二产业产值比重	第三产业产值比重
第一产业产值比重	Pearson 相关性	0.895**	1	0.815**	-0.850**
	显著性（双侧）	0.000	—	0.002	0.001
	N	11	11	11	11
第二产业产值比重	Pearson 相关性	0.802**	0.815**	1	-0.998**
	显著性（双侧）	0.003	0.002	—	0.000
	N	11	11	11	11
第三产业产值比重	Pearson 相关性	0.825**	-0.850**	-0.998**	1
	显著性（双侧）	0.002	0.001	0.000	—
	N	11	11	11	11

注：**表示在0.01水平（双侧）上显著相关

通过简单相关分析可以发现，教育类学科毕业生人数比重与三大产业之间存在着显著的相关性，但同时也发现三大产业之间存在显著的相关性。因此，我们采用偏相关分析理论，去除结构中的伪相关性，以第三产业产值比重作为控制变量进行偏相关分析（详见表3-15）。

表3-15 教育类学科毕业生人数比重与三大产业产值比重的偏相关分析

控制变量			教育类	第二产业产值比重	第一产业产值比重
第三产业产值比重	教育类	相关性	1.000	-0.587	0.650
		显著性（双侧）	—	0.074	0.042
		df	0	8	8
	第二产业产值比重	相关性	-0.587	1.000	-0.973
		显著性（双侧）	0.074	—	0.000
		df	8	0	8
	第一产业产值比重	相关性	0.650	-0.973	1.000
		显著性（双侧）	0.042	0	—
		df	8	8	0

由分析结果可知，教育类学科毕业生人数比重与第二产业和第一产业比重的相关性都较弱，且每个检验统计量均大于0.01，因此接受原假设，即教育类学科毕业生与第一产业和第二产业之间不存在相关性。教育类学科毕业生与第三产业产值比重显著相关且相关系数为0.825，同时P值为0.002，小于0.01，因此拒绝原假设。

（3）经管类学科毕业生人数比重与三大产业产值比重的相关与偏相关分析。

通过简单相关分析可以发现，经管类毕业生人数比重与三大产业之间的相关系数分别是-0.967、-0.718、0.758，且P值均小于0.05，因此拒绝原假设，得到经管类学科毕业生比重与三大产业产值比重之间显著相关（详见表3-16）。同时，经管类学科毕业生人数的比重与第一产业、第二产业之间存在负相关性，与第三产业之间存在较强的正相关性。为了更好地发现其净相关关系，选择第三产业产值比重作为控制变量进行偏相关分析（详见表3-17、表3-18）。

表 3-16 经管类学科毕业生比重与三大产业产值比重的相关分析

		经管类	第一产业产值比重	第二产业产值比重	第三产业产值比重
经管类	Pearson 相关性	1	-0.967**	-0.718*	0.758**
	显著性（双侧）	—	0.000	0.013	0.007
	N	11	11	11	11
第一产业产值比重	Pearson 相关性	-0.967**	1	0.815**	-0.850**
	显著性（双侧）	0.000	—	0.002	0.001
	N	11	11	11	11
第二产业产值比重	Pearson 相关性	-0.718*	0.815**	1	-0.998**
	显著性（双侧）	0.013	0.002	—	0.000
	N	11	11	11	11
第三产业产值比重	Pearson 相关性	0.758**	-0.850**	-0.998**	1
	显著性（双侧）	0.007	0.001	0.000	—
	N	11	11	11	11

注：**表示在 0.01 水平（双侧）上显著相关；*表示在 0.05 水平（双侧）上显著相关。

表3-17　经管类学科毕业生人数比重与三大产业产值比重的偏相关分析（1）

控制变量			经管类	第二产业产值比重	第一产业产值比重
第三产业产值比重	经管类	相关性	1.000	-0.938	0.910
		显著性（双侧）	—	0.000	0.000
		df	0	8	8
	第二产业产值比重	相关性	-0.938	1.000	-0.973
		显著性（双侧）	0.000	—	0.000
		df	8	0	8
	第一产业产值比重	相关性	0.910	-0.973	1.000
		显著性（双侧）	0.000	0.000	—
		df	8	8	0

表3-18　经管类学科毕业生比重与三大产业产值比重的偏相关分析（2）

控制变量			经管类	第一产业产值比重
第三产业产值比重 & 第二产业产值比重	经管类	相关性	1.000	-0.554
		显著性（双侧）	—	0.122
		df	0	7
	第一产业产值比重	相关性	-0.554	1.000
		显著性（双侧）	0.122	—
		df	7	0

由此可知，经管类学科毕业生人数比重与第二产业产值比重之间仍然存在显著净相关性。在添加第二产业产值比重为控制变量分析后可知，经管类学科毕业生人数比重与第二产业产值比重、第三产业产值比重之间存在相关关系。

（4）理工类学科毕业生人数比重与三大产业产值比重的相关与偏相关分析。

以理工类学科毕业生人数比重与三大产业产值比重作相关性分

析可知（详见表3-19），理工类学科毕业生人数比重与第一产业、第二产业、第三产业产值比重值的相关系数分别是0.725、0.233、-0.291，检验概率值分别为0.012、0.490、0.385。由此可以看出，理工类毕业生人数比重值与第二产业产值比重之间存在较弱程度的正相关性。

表3-19 理工类学科毕业生人数比重与三大产业产值比重的相关分析

		理工类	第一产业产值比重	第二产业产值比重	第三产业产值比重
理工类	Pearson相关性	1	0.725*	0.233	-0.291
	显著性（双侧）	—	0.012	0.490	0.385
	N	11	11	11	11
第一产业产值比重	Pearson相关性	0.725**	1	0.815**	-0.850**
	显著性（双侧）	0.012	—	0.002	0.001
	N	11	11	11	11
第二产业产值比重	Pearson相关性	0.233	0.815**	1	-0.998**
	显著性（双侧）	0.0490	0.002	—	0.000
	N	11	11	11	11
第三产业产值比重	Pearson相关性	-0.291	-0.850**	-.998**	1
	显著性（双侧）	0.385	0.001	0.000	—
	N	11	11	11	11

注：**表示在0.01水平（双侧）上显著相关；*表示在0.05水平（双侧）上显著相关。

（5）农学类学科毕业生人数比重与三大产业产值比重的相关与偏相关分析。

通过简单相关分析发现，农学类学科毕业生人数比重与三大产业之间也存在着显著相关性，同时发现三大产业之间存在显著的相关性（详见表3-20）。因此，我们采用偏相关分析理论，去除结构中的伪相关性，以第一产业产值比重作为控制变量进行偏相关分析（详见表3-21）。

表3-20 农学类学科毕业生人数比重与三大产业产值比重的相关分析

		农学类	第一产业产值比重	第二产业产值比重	第三产业产值比重
农学类	Pearson相关性	1	0.930**	0.711*	-0.747**
	显著性（双侧）	—	0.000	0.014	0.008
	N	11	11	11	11
第一产业产值比重	Pearson相关性	0.930**	1	0.815**	-0.850**
	显著性（双侧）	0.000	—	0.002	0.001
	N	11	11	11	11
第二产业产值比重	Pearson相关性	0.711*	0.815**	1	-0.998**
	显著性（双侧）	0.014	0.002	—	0.000
	N	11	11	11	11

续表 3-20

		农学类	第一产业产值比重	第二产业产值比重	第三产业产值比重
第三产业产值比重	Pearson 相关性	-0.747**	-0.850**	-0.998**	1
	显著性（双侧）	0.008	0.001	0.000	—
	N	11	11	11	11

注：**表示在 0.01 水平（双侧）上显著相关；*表示在 0.05 水平（双侧）上显著相关。

表 3-21 农学类学科毕业生人数比重与三大产业产值比重的偏相关分析

	控制变量		农学类	第二产业产值比重	第三产业产值比重
第一产业产值比重	农学类	相关性	1.000	-0.222	0.222
		显著性（双侧）	—	0.539	0.537
		df	0	8	8
	第二产业产值比重	相关性	-0.222	1.000	-1.000
		显著性（双侧）	0.539	—	0.000
		df	8	0	8
	第三产业产值比重	相关性	0.222	-1.000	1.000
		显著性（双侧）	0.537	0.000	—
		df	8	8	0

由此可知，农学类学科毕业生人数比重与第二产业和第三产业产值比重的相关性减弱，且每个检验统计量均大于 0.01，因此接受原假设，即农学类与第二产业和第三产业之间不存在相关性。农学类学科毕业生与第一产业产值比重之间的相关系数为 0.930，检验统计量为 0.000，小于 0.01，说明农学类学科毕业生与第一产业之间存在高度正相关性。

(6) 医学类学科毕业生人数比重与三大产业产值比重的相关与偏相关分析。

通过简单相关分析可以发现,医学类学科毕业生人数比重与三大产业之间存在着显著的相关性(详见表3-22)。为了更好地发现其净相关关系,我们选择第三产业产值比重值作为控制变量进行偏相关分析(详见表3-23)。

表3-22 医学类学科毕业生比重与三大产业产值比重的相关分析

		医学类	第一产业产值比重	第二产业产值比重	第三产业产值比重
医学类	Pearson相关性	1	0.680*	0.873**	-0.867**
	显著性(双侧)	—	0.021	0.000	0.001
	N	11	11	11	11
第一产业产值比重	Pearson相关性	0.680*	1	0.815**	-0.850**
	显著性(双侧)	0.021	—	0.002	0.001
	N	11	11	11	11
第二产业产值比重	Pearson相关性	0.873**	0.815**	1	-0.998**
	显著性(双侧)	0.000	0.002	—	0.000
	N	11	11	11	11
第三产业产值比重	Pearson相关性	-0.867**	-0.850**	-0.998**	1
	显著性(双侧)	0.001	0.001	0.000	—
	N	11	11	11	11

注:**表示在0.01水平(双侧)上显著相关;*表示在0.05水平(双侧)上显著相关。

表3-23 医学类学科毕业生人数比重与三大产业产值比重的偏相关分析

控制变量			医学类	第二产业产值比重	第一产业产值比重
第三产业产值比重	医学类	相关性	1.000	-0.217	0.256
		显著性（双侧）	—	0.547	0.475
		df	0	8	8
	第二产业产值比重	相关性	-0.217	1.000	-0.973
		显著性（双侧）	0.547	—	0.000
		df	8	0	8
	第一产业产值比重	相关性	0.256	-0.973	1.000
		显著性（双侧）	0.475	0.000	—
		df	8	8	0

由此可知，医学类学科毕业生人数比重与第一产业和第二产业产值比重的相关性减弱，且每个检验统计量均大于0.01，因此接受原假设，即医学类学科毕业生与第一产业和第二产业产值比重之间不存在相关性。医学类学科毕业生与第三产业产值比重之间的相关系数为-0.867，检验统计量为0.001，小于0.01，说明医学类学科毕业生与第三产业产值比重之间存在相关性。

综上所述，通过对广东高校人文类、教育类、经管类、理工类、农学类、医学类等学科毕业生人数比重与广东三大产业产值比重的相关分析发现，人文类学科毕业生人数比重与第一产业产值之间呈弱相关，与第三产业产值之间存在较强的相关。教育类学科毕业生人数比重与第三产业产值比重之间呈现出强正相关性，相关系数为0.825；经管类学科毕业生人数比重与第二产业产值比重、第三产业产值比重之间存在相关关系，相关系数分别是-0.718、0.758；理工类学科毕业生人数比重与第二产业产值比重之间呈现出弱相关性，相关系数为0.233；农学类学科毕业生与第一产业产值比重之间存在强正相关性，相关系数为0.930；医学类学科毕业生与第三产业产值比重之间存在显著相关性。由此可见，广东高校各学科毕业生结构与三次产业结构之间存在一定的相关性。产业结构的变动影响着学科结构的变化，但高校部分学科专业结构与产业发展存在不一致性，特别是理工类学科毕业生人数比重与第二产业产值比重之间呈现出较弱的相关性。这不仅说明高校培养的毕业生无法完全适切第二产业发展需要，也说明了第二产业发展与高校理工类学科之间存在着适切不足的问题。

2. 研究生层次

将广东高校研究生层次分学科毕业生人数比重和广东三大产业产值比重数据导入统计软件进行相关分析，可计算出广东高校研究生层次学科结构与产业结构的相关系数（详见表3-24）。

表3-24 广东高校研究生层次学科结构与产业结构的相关分析

分类	第一产业	第二产业	第三产业
人文类学科	0.212	-0.246	0.272
理工类学科	0.387	0.524	-0.523
教育类学科	-0.731	-0.782	0.785
经管类学科	-0.515	-0.637	0.638
医学类学科	0.463	0.400	-0.401
农学类学科	0.299	-0.134	0.138

由此可知，人文类学科研究生毕业人数比重值与第一、第二、第三产业之间存在着一定的相关性。教育类、经管类学科研究生毕业人数比重均与第三产业产值比重之间呈现正相关性。一方面，说明教育类和经管类学科毕业生就业面相对广泛，可以去三次产业中从事相关工作；另一方面，说明了随着第三产业产值的增加，教育类和经管类学科毕业生人数呈增加趋势。理工类学科研究生毕业人数比重与第二产业产值比重之间呈现出中度正相关性。医学类学科研究生毕业人数比重与第一产业产值比重值、第二产业产值比重值

之间存在正相关性，与第三产业产值比重之间呈负相关性。农学类学科毕业生人数比重与第一产业、第二产业、第三产业产值比重的线性相关系数分别是 0.299、-0.134、-0.138，说明农学类学科毕业生与第一产业产值比重之间存在着正相关，与第二产业和第三产业产值比重之间几乎不存在相关。这说明第一产业发展变化对农学类学科结构调整的影响显著。

通过以上对广东省三次产业产值比重值变动情况与广东省高校毕业生人数比重变动情况的相关性分析发现：本科层次理工类学科毕业生人数与第二产业产值比重之间存在较弱的正相关；研究生层次理工类学科毕业生人数比重与第二产业产值比重之间存在中等程度的正相关。这一方面，说明理工类学科对第二产业的发展存在着一定的积极作用，但另一方面，这种较低程度的相关性也说明了高校理工类学科与第二产业发展之间存在着适切不足的问题。

二、广东高校学科结构与产业结构的回归分析

（一）回归分析的理论依据

回归分析主要是用来分析解释变量对被解释变量的影响，是研究变量间统计关系的方法。前文通过不同学科与三大产业之间的相关分析，发现广东高校学科结构与产业结构之间存在着一定的相关性与偏相关关系。因此，本小节主要在分析高校不同学科结构与产业结构相关性与偏相关关系的基础上，通过统计软件进一步建立两者之间的回归模型，分析不同解释变量对被解释变量的影响。具体而言，以人文类、教育类、经管类、理工类、农学类、医学类等毕业生人数比重为因变量，以广东第一产业产值比重值、第二产业产值比重值、第三产业产值比重值为控制变量，建立多元回归模型：$D = \beta_0 + \beta_1 I_1 + \beta_2 I_2 + \beta_3 I_3 + \cdots + \beta_n I_n + \varepsilon$。其中，$\beta_0$ 到 β_n 是未知参数，分别为回归常数与回归系数；ε 是随机误差，是一个随机变量，包含在因变量 D 中，但不能被 n 个自变量所解释的因素。进行回归分

析时，一般要遵循设计指标变量、收集整理数据、构造理论模型、估计模型参数、模型检验、模型运用等步骤。具体而言，回归模型检验包括线性关系检验和回归系数检验。变量间的线性相关关系的检验方法是利用 F 检验实现的。通过分解离差平方和，构造检验统计量，然后根据样本数据计算检验统计量的值，如果接受假设则关系不显著，反之则显著。具体的检验过程如下。第一，提出假设：$H_0: \beta_1 = ... \beta_n = 0$ 线性关系不显著；$H_1: \beta_1, ... \beta_n$ 至少有一个不为零。第二，计算检验统计量 F。第三，确定显著性水平 α 与分子、分母的自由度，进而找到 F 值。第四，做出判断，如 $F > F_\alpha$，拒绝 H_0。总之，在做相关性检验时，可以对回归系数进行多次显著性检验，最终确定回归方程中的回归系数。

（二）部分学科毕业生人数比重与三大产业产值比重的回归分析

前文通过对不同学科与三大产业之间的关系进行相关分析，发现部分广东高校学科毕业生人数比重与其对应的产业产值比重之间存在着显著相关性。因此，以人文类、教育类、经管类、理工类、农学类、医学类等毕业生人数比重为因变量，以广东第一产业产值比重值、第二产业产值比重值、第三产业产值比重值为控制变量，建立回归方程。其中以 industrial structure 的首字母代表产业结构，即 I_n ($n=1 \sim 3$)，$n=1$ 时为第一产业比重值，$n=2$ 时为第二产业比重值，$n=3$ 时为第三产业比重值；以 disciplinary structure 的首字母 D 代表学科结构，即 D_n ($n=1 \sim 6$)，$n=1$ 时为人文类毕业生人数比重值，$n=2$ 时为教育类毕业生人数比重值，$n=3$ 是经管类毕业生人数比重值，$n=4$ 时为理工类毕业生人数比重值，$n=5$ 时为医学类毕业生人数比重值，$n=6$ 时为农学类学科毕业生人数比重值。具体分析结果如下。

1. 人文类毕业生比重与第三产业产值比重的回归分析

由表 3-25 可知，人文类学科毕业生人数比重值与三次产业比

重值的判定系数 R^2 为 0.554，说明该模型存在一定的拟合度。F 统计量的值为 2.482，双边检验的概率值 P 为 0.158，说明回归方程不显著。未标准化回归方程的常数项为 -272.673。由此可以得出回归方程 $D_1 = 1.242I_1 + 3.228I_2 + 2.874I_3 - 272.673$，即第三产业比重每提高一个百分点，人文类学科毕业生比重值将增加 2.8 个百分点。说明第三产业对人文类学科的设置和建设均具有影响作用。

表 3-25　人文类毕业生比重与第三产业产值比重的回归分析表

模型摘要（b）				
模型	R	R^2	调整后的 R^2	标准估计的误差
1	0.744（a）	0.554	0.331	0.376

方差分析（b）					
模型		平方和	自由度	平均平方和	F 检验	显著性
人文类	回归	1.051	3	0.350	2.482	0.158（a）
	残差	0.846	6	0.141	—	—
	总计	1.897	9	—	—	—

系数（a）						
模型		非标准化系数		标准系数	t	显著性
		B 的估计值	标准误差	Beta 分布		
人文类	（常数）	-272.673	381.212	—	-0.715	0.501
	第一产业产值比重	1.242	3.170	0.963	0.392	0.012
	第二产业产值比重	3.228	3.899	14.712	0.828	0.000
	第三产业产值比重	2.874	3.797	15.013	0.757	0.000

注：a 是预测变量（常数）：第一、第二、第三产业产值比重；b 是因变量：人文类毕业生人数比重；系数（a）中的 a 是因变量：人文类毕业生人数比重。

2. 教育类毕业生人数比重与第三产业产值比重的回归分析

由表3-26可知,教育类毕业生人数比重与第三次产业产值比重的相关系数R为0.825,决定系数R^2为0.680。由此可见,模型拟合优度较好,说明被解释变量可以被模型解释的部分较多。在回归方程的显著性检验中,统计量F为19.122,对应的P值为0.002,远远小于0.05,说明被解释变量与解释变量的线性关系是显著的,可以建立线性模型。就回归结果而言,未标准化回归方程的常数项为12.831,标准误差为2.146,自变量的P值为0.002,小于0.05,因而应该保留在方程中。由此可见,第三产业产值比重对教育类毕业生人数比重有一定的影响,影响系数为-0.2。因此,可得出回归方程:$D_1 = 12.831 - 0.2I_3 + \varepsilon$。

表3-26 教育类毕业生人数比重与第三产业产值比重的回归分析

模型摘要(b)				
模型	R	R^2	调整后的R^2	标准估计的误差
1	0.825(a)	0.680	0.644	0.41383
方差分析(b)					
模型		平方和	自由度	平均平方和	F检验	显著性
教育数	回归	3.275	1	3.275	19.122	0.002(a)
	残差	1.541	9	0.171	—	—
	总计	4.816	10	—	—	—
系数(a)					
模型		非标准化系数		标准系数	t	显著性
		B的估计值	标准误差	Beta分布		
教育类	(常数)	12.831	2.146	—	5.978	0.000
	第三产业产值比重	-0.200	0.046	-0.825	-4.373	0.002

注:a是预测变量(常数):第三产业产值比重;b是因变量:教育类毕业生人数比重;系数(a)中的a是因变量:教育类毕业生人数比重。

3. 经管类毕业生人数比重与第二、第三产业产值比重的回归分析

由表 3-27 可知，经管类毕业生人数比重与第二、第三次产业产值比重的相关系数 R 为 0.963，决定系数 R^2 为 0.927。由此可见，模型拟合优度较好，说明被解释变量可以被模型解释的部分较多。在回归方程的显著性检验中，统计量 F 为 50.585，对应的 P 值为 0.000，远远小于 0.05，说明被解释变量与解释变量的线性关系是显著的，可以建立线性模型。就回归结果而言，未标准化回归方程的常数项为 -173.302，标准误差为 86.706，两个自变量的 P 值均为 0.000，均小于 0.05，因此，两个自变量均应该保留在方程中。由此可见，第二、第三产业产值比重对经管类毕业生人数比重有一定的影响，影响系数分别为 12.847、12.462。因此，可以得出回归方程：$D_2 = 12.847 I_2 + 12.847 I_3 - 173.302 + \varepsilon$。

表 3-27　经管类毕业生比重与第二、第三产业产值比重的回归分析

模型摘要（b）					
模型	R	R^2	调整后的 R^2	标准估计的误差	
1	0.963（a）	0.927	0.908	1.0799	
方差分析（b）					
模型		平方和	自由度	平均平方和	F 检验	显著性
经管类	回归	117.987	2	58.993	50.585	0.000（a）
	残差	9.330	8	1.166	—	—
	总计	127.317	10	—	—	—
系数（a）					
模型		非标准化系数		标准系数	t	显著性
		B 的估计值	标准误差	Beta 分布		
经管类	（常数）	-173.302	86.706	—	-6.284	0.000
	第三产产值比重	12.462	1.860	9.997	6.700	0.000
	第二产产值比重	12.847	2.070	9.258	6.205	0.000

注：a 是预测变量（常数）：第二、第三产业产值比重；b 是因变量：经管类毕业生人数比重；系数（a）中的 a 是因变量：经管类毕业生人数比重。

4. 理工类毕业生人数比重与第一、第二产业产值比重的回归分析

由表 3-28 可知，理工类毕业生人数比重与第一、第二产业产值比重的相关系数 R 为 0.953，决定系数 R^2 为 0.909。由此可见，模型拟合优度较好，说明被解释变量可以被模型解释的部分较多。回归方程的显著性检验中，统计量 F 为 39.780，对应的 P 值为 0.000，远远小于 0.05，说明被解释变量与解释变量的线性关系是显著的，可以建立线性模型。就回归结果而言，未标准化回归方程的常数项为 29.409，标准误差为 4.146，两个自变量的 P 值均为 0.000，小于 0.05，因此，两个自变量均应该保留在方程中。由此可见，第二、第一产业产值比重对理工类毕业生人数比重有一定的影响，影响系数分别为 -0.856、9.244。因此，可以得出回归方程：$D_3 = 29.409 + 9.244 I_1 - 0.856 I_2 + \varepsilon$。

表 3-28 理工类毕业生人数比重与第一、第二产业产值比重的回归分析表

模型摘要（b）				
模型	R	R^2	调整后的 R^2	标准估计的误差
1	0.953（a）	0.909	0.886	0.69597

方差分析（b）						
模型		平方和	自由度	平均平方和	F 检验	显著性
理工类	回归	38.537	2	19.269	39.780	0.000（a）
	残差	3.875	8	0.484	—	—
	总计	42.412	10	—	—	—

系数（a）						
模型		非标准化系数		标准系数	t	显著性
		B 的估计值	标准误差	Beta 分布		
理工类	（常数）	29.409	4.146	—	7.094	0.000
	第一产业产值比重	9.244	1.069	1.597	8.648	0.000
	第二产业产值比重	-0.856	0.148	-1.069	-5.789	0.000

注：a 是预测变量（常数）：第一、第二产业产值比重；b 是因变量：理工类毕业生人数比重；系数（a）中的 a 是因变量：理工类毕业生人数比重。

5. 农学类毕业生人数比重与第一产业产值比重的回归分析

通过软件分析可得到其线性回归模型如下：$D_4 = 1.493I_1 - 5.767 + \varepsilon$。其中，$D_4$ 是农学类毕业生人数比重，I_1 是第一产业产值比重。由表3-27可知，农学类毕业生人数比重与第一产业产值比重的相关系数 R 为0.930，决定系数 R^2 为0.865。可见，模型拟合优度较好，说明被解释变量可以被模型解释的部分较多。回归方程的显著性检验中，统计量 F 为57.517，对应的 P 值为0.000，远远小于0.05，说明被解释变量与解释变量的线性关系是显著的，可以建立线性模型。未标准化回归方程的常数项为 -5.767，标准误差为0.994，自变量的 P 值均为0.000，小于0.05。由此可见，第一产业产值比重对农学类毕业生人数比重有一定的影响，影响系数为1.493。

表3-29 农学类毕业生人数比重与第一产业产值比重的回归分析表

模型摘要（b）				
模型	R	R^2	调整后的 R^2	标准估计的误差
1	0.930（a）	0.865	0.850	0.22145

方差分析（b）						
	模型	平方和	自由度	平均平方和	F 检验	显著性
农学类	回归	2.821	1	2.821	57.517	0.000（a）
	残差	0.441	9	0.049	—	—
	总计	3.262	10	—	—	—

系数（a）						
	模型	非标准化系数		标准系数	t	显著性
		B 的估计值	标准误差	Beta 分布		
农学类	（常数）	-5.767	0.994	—	-5.804	0.000
	第一产业产值比重	1.493	0.197	0.930	7.584	0.000

注：a 是预测变量（常数）：第一产业产值比重；b 是因变量：农学类毕业生人数比重；系数（a）中的 a 是因变量：农学类毕业生人数比重。

6. 医学类毕业生人数比重与第三产业产值比重的回归分析

由表 3-30 可知，医学类毕业生人数比重与第三产业产值比重的相关系数 R 为 0.867，决定系数 R^2 为 0.751。由此可见，模型拟合优度较好，说明被解释变量可以被模型解释的部分较多。回归方程的显著性检验中，统计量 F 为 27.210，对应的 P 值为 0.001，远远小于 0.05，说明被解释变量与解释变量的线性关系是显著的，可以建立线性模型。就回归结果而言，未标准化回归方程的常数项为 21.408，标准误差为 2.708，自变量的 P 值为 0.001，小于 0.05，因此，自变量应该保留在方程中。由此可见，第三产业产值比重对医学类毕业生人数比重有一定的影响，影响系数为 -0.301。因此，可以得出回归方程：$D_3 = 21.408 - 0.301 I_3 + \varepsilon$。

表 3-30 医学类毕业生人数比重与第一产业产值比重的回归分析表

模型摘要（b）				
模型	R	R^2	调整后的 R^2	标准估计的误差
1	0.867（a）	0.751	0.724	0.52211
方差分析（b）					
模型		平方和	自由度	平均平方和	F 检验	显著性
1	回归	7.417	1	7.417	27.210	0.001（a）
	残差	2.453	9	0.273	—	—
	总计	39.871	10	—	—	—
系数（a）						
模型		非标准化系数		标准系数	t	显著性
		B 的估计值	标准误差	Beta 分布		
医学类	（常数）	21.408	2.708	—	7.906	0.000
	第一产业产值比重	-0.301	0.058	-0.867	-5.216	0.001

注：a 是预测变量（常数）：第三产业产值比重；b 是因变量：医学类毕业生人数比重；系数（a）中的 a 是因变量：医学类毕业生人数比重。

通过前文分别对不同学科与其对应产业产值比重之间的回归分析，可以建立不同学科与对应产业产值比重之间关系的回归方程。通过与之对应的回归方程，可分别预测出广东高校教育类、经管类、理工类、农学类、医学类等学科毕业生比重值，进而对未来广东省高校学科专业结构的变化方向进行预测。根据广东省统计局公布的数据进行计算可知，2015年广东省第一产业、第二产业、第三产业的产值比重分别为4.6∶44.6∶50.8。而依据《广东省国民经济和社会发展第十三个五年规划纲要》，2015—2020年间，广东进一步优化产业结构，三次产业产值比重的发展目标为4∶40∶56①，即与2015年相比，广东第一产业产值比重需下降0.6%，第二产业产值比重需下降4.6%，第三产业产值比重需增加5.2%。据此可以预测，广东"十三五"期间，理工类学科本科毕业生人数比重将增加3.94%。并且可以推断，未来几年，广东高校的学科调整方向为大力发展理工类学科，加强医学类学科的发展，适当调整人文社科类和农学类学科。

而根据广东高校的实际情况来看，目前广东的理工类本科院校仅有8所，且只有华南理工大学一所"985工程"重点高校，属于高水平类理工科大学，其他理工科大学无论是发展水平，还是在高校层次上，均显不足，与广东制造业大省的经济社会发展和区域协调发展的现实需求存在一定的差距。尤其是广东正处于实施创新驱动发展战略、加快转型升级的关键阶段，正迫切需要一大批高层次人才和拔尖创新人才做支撑，但广东高水平理工科大学建设现状却与社会需求不相适应。因此，广东必须加快建设高水平理工科大学的进程，为广东产业发展和创新驱动发展培养高层次科技人才，以适应产业转型升级和社会发展的需要。

---

① 广东省人民政府：关于印发《广东省国民经济和社会发展第十三个五年规划纲要》的通知，见 http://zwgk.gd.gov.cn/006939748/201605/t20160509_654321.html。

第三节　广东高校学科专业与产业结构适切发展的问题

学科专业结构与产业结构之间是一种互动的关系，合理的学科专业结构有助于培养合理的人才结构，进而推动产业结构的优化升级；反之，则不利于产业结构的优化升级。由前文中对其现状及实证分析可知，广东高校学科专业结构与产业结构的适切发展方面还存在一定的问题，而这些问题主要表现在广东理工类学科专业结构与产业结构之间的失衡。也就是说，广东高校理工类学科专业设置趋同加剧了高校学科专业结构与产业结构的失衡，广东高校理工类学科专业结构失衡影响了广东高校学科专业结构与产业结构之间的适切发展，广东理工类高校发展不均衡加剧了广东高校学科专业结构与产业结构适切发展的矛盾。

一、高校理工类学科专业设置问题

由前文对广东产业结构的现状分析可知，广东产业结构的变化不仅体现在三次产业产值比重的变化上，也体现在具体的产业内部。一方面，从制造业来看，逐渐从低级向高级转变，越来越多的企业重视技术创新人才、重视技术研发。另一方面，第三产业中生产性服务产业发展迅速，不仅为工业的持续发展提供了服务和支撑，促进了工业内部的分工，还进一步提升了广东产业结构的高级化水平。广东产业结构的转型升级需要与之适应的学科专业做支撑。

就目前广东高校学科专业结构的现状而言，学科专业设置趋同是广东高校中普遍存在的问题。具体到广东高校理工类学科专业而言，主要表现在两个方面：一方面，受 1999 年高校扩招影响，广东高校的整体规模得以扩大，学科建设不断增强。随着广东经济转型与产业结构优化升级的需要，社会对理工类人才的需求量呈现出大幅增长趋势，促使高校进一步调整学科专业结构，培养产业转型升级所需要的人才。除广东原有的理工类高校以外，一些其他高校受规模扩张思想的影响，不管不顾自身的办学条件，对市场需求缺乏科学的预测和判断，盲目跟随市场需要，出现了哪门学科热门就开设哪门学科，哪个专业的招生好就申报哪个专业招生资格的现象，从而进一步加剧了理工类学科专业设置的趋同问题。另一方面，广东加强对理工类学科的重视程度，在大力发展理工类学科的同时，出现了理工类学科趋同、重复设置等问题，进而影响了其他学科的发展，使学科专业结构与产业结构出现失衡状况，影响了学科专业结构与产业结构的适切发展。

二、高校理工类学科专业结构问题

广东高校理工类学科专业结构与产业结构失衡的问题主要表现在以下几个方面：就本科层次理工类学科专业毕业生情况而言，本科层次理工类学科专业毕业生人数比重与第二产业产值比重之间存在着中等程度的正相关，与第三产业产值比重之间呈现出较弱的负相关。本科层次理工类毕业生人数比重与第二产业产值比重之间的相关程度不高，在某种程度上说明了本科层次培养出来的理工类毕业生未能较好地适应产业发展需要，也就是说，究生层次理工类学科毕业生情况而言，研究生层次理工类学科毕业生人数比重与第二产业产值比重之间存在着中等程度的正相关，与第三产业产值比重之间呈现出较弱的负相关。研究生层次理工类毕业生人数比重与第二产业产值比重之间的相关程度不高，说明其培养出来的理工类毕业生未能较好地适应产业发展需要，也说明高校理工类学科专业存在失衡问题，未能较好地适切产业发展需要。

在不同学科毕业生的就业结构方面，根据《2016 年广东省高校毕业生就业质量报告》中本科层次不同学科毕业生就业与专业的相关度排名情况来看，就业与专业相关度最高的学科是医学、历史学、法学，相关度最低的是哲学，其次是理学。从国家设置的标准专业看，本科的专业相关度最高的 20 个专业中，与广东省主导产业发展相关的理工类学科专业仅有 5 个，即建筑学、土木工程、数学与应用数学、软件工程和给水排水工程。本科的专业相关度最低的 20 个专业中，与广东省主导产业发展相关的理工类学科专业有 13 个，即食品质量与安全、生物工程、电子科学与技术、光信息科学与技术、车辆工程、统计学、食品科学与工程、应用化学、生物技术、电子信息科学与技术、化学工程与工艺、自动化、通信工程。就研究生层次不同学科毕业生就业与专业的相关度排名情况来看，在十二大学科门类中，理学和工学学科专业相关度排名分别是第 6 位和第 8 位。[①] 由此可知，研究生与本科生就业专业度最高的学科专业与广东省主导产业密切相关的理工类学科专业不一致，在一定程度上说明高校培养的理工类学科人才质量未能较好地与产业发展需要相适切。

就高校理工类学科与其他学科之间的结构而言，存在着传统学科与新兴学科、交叉学科之间的失衡问题，即传统学科在高校中仍占主导地位，新兴学科、交叉学科等发展缓慢，且与传统学科之间比例失衡，致使学科专业结构调整滞后于产业结构优化调整，无法跟上产业结构优化的步伐，不利于产业结构转型升级。

三、理工类高校发展均衡问题

改革开放后，经过 40 多年的发展，广东已经成为制造业大省和全球重要的制造基地。尤其是以广州、深圳、佛山、东莞、中山、珠海等为主的珠江三角洲地区，形成了以轻工业为主，高新技术产业和重工业共同发展的珠三角制造业体系，即以纺织、家电、食品、电子、建材、医药等六大支柱行业为主的劳动密集型轻工业，以新材料、新能源、航空产业、海洋产业、电子信息、生物医

---

① 参见广东省教育厅《2016 年广东省高校毕业生就业质量报告》，2016 年第 12 期，第 41~43 页。

药、精密仪器与自动化、精细化工等产业群和产业区为主的知识密集型高新技术产业，以及以各具特色的装备、汽车、石化、船舶制造等产业基地为主的重工业，共同构成了广东制造业的核心基地。随着广东制造业需要从资源要素向创新驱动要素转变、从"广东制造"向"广东智造"转变，依靠知识、技术和大量高级技术人才的战略新兴产业、知识密集型产业、高新技术产业、先进制造业和智能制造业等逐步成为广东产业发展的主导产业和支柱产业。广东产业结构优化升级的同时，对广东高等教育也提出了新要求，尤其是对能够提供高层次、高质量创新科技人才的理工类高校和理工类专业提出了高要求。

从广东省理工类高校地区的分布情况来看，理工类高校分布不均衡，多分布在珠江三角洲地区，如广州、东莞、深圳等城市，而在广东其他地区分布较少。从理工类高校层次水平看，广东高层次、高水平理工类高校匮乏，仅有华南理工大学1所"985工程""211工程"知名工科院校，广东工业大学、佛山科学技术学院、东莞理工学院等高校均为普通本科高校。从广东省本科高校中理工类专业数量看，本科高校理工类专业数量相对不足。广东本科高校中，理工类专业数量在该校专业总数中占比高于45%的本科高校只有19所，占广东高校总数147所的12.9%。广东高水平理工科大学发展不均衡，与广东制造业大省的经济社会发展需求存在着一定的差距，因而难以满足广东经济发展和产业转型升级需要，并加剧了理工类学科与产业结构之间的矛盾，使高校学科专业结构与产业结构之间出现适切不当的问题。

因此，在广东实施创新驱动发展、产业转型升级的关键阶段，大力发展理工科教育，加快高水平理工科大学的建设进程，不仅是实现广东创新驱动发展和产业转型升级的理性选择，更是实现广东高校学科专业结构与产业结构适切发展的战略选择。故而，将高水平理工科大学建设作为广东高校学科专业结构与产业结构适切发展的战略调整进行研究，具有一定的战略意义。

第四章 结构调整：广东高校学科专业结构与产业结构适切发展的行动选择

依据帕森斯结构功能主义理论可知，其核心观点在于将行动与系统二者结合起来，用社会行动来界定社会系统，并通过社会系统进一步诠释行动结构，行动者应该依据其动机来适应社会情境。[①] 帕森斯认为，社会行动是在环境和价值规范双方面制约下，个体为实现一定目的而发生的一些动作或行为。[②] 在帕森斯看来，行动者、行动目标、环境和规范的价值取向是构成单位行动的基本要素。就广东高校学科专业结构与产业结构适切发展而言，政府、高校均可以作为学科专业与产业适切发展的主要行动者，对省域高校学科专业结构调整有直接的影响作用。由于企业并不直接作用于高校学科建设和学科专业结构调整，因此，本章仅从政府和高校层面分别分析两者在实现广东高校学科专业结构与产业结构适切发展方面的行动选择。

第一节 政府层面：建设高水平理工科大学

2015 年，国家层面出台《统筹推进世界一流大学和一流学科建设总体方案》，提出推动一批高水平大学和学科进入世界一流行列或前列，提升我国高等教育综合实力和国际竞争力。可见，在国

---

① 参见［澳］马尔科姆·沃特斯《现代社会学理论》，杨善华等译，华夏出版社 2000 年版，第 154 页。
② 参见［美］帕森斯《社会行动的结构》，张明德译，译林出版社 2003 年版，第 44～45 页。

家创新驱动战略实施中，一流大学的科技创新服务、创新创业型人才的培养与输出已经成为推进经济中高速增长、产业中高端发展、真正迈向自主创新的重要战略举措。就广东省而言，广东政府在推进高水平大学建设时，主要采取"双重点"建设模式，即"重点建设高校"和"重点学科建设项目"两大类。"重点建设高校"即高水平大学建设，主要对应国家的"一流大学"建设。"重点学科建设项目"主要对应国家的"一流学科"建设。以学科或学科群建设为主，围绕解决重大科学问题和服务创新驱动发展战略的重大需求，在重点学科、重点人才、重点平台、重大科研项目建设等方面取得重大突破。高水平理工科大学政策是广东高水平大学政策的重要组成部分，也是广东高校学科专业结构与产业结构适切发展的战略选择。因此，本节主要从高水平理工科大学建设的政策背景、政策价值取向和政策目标与内容等方面来分析政府将高水平理工科大学建设作为其战略选择的合理性。

一、高水平理工科大学建设的政策背景

美国社会学家帕森斯认为，任何社会现象都可以被看作一个系统，世间一切事物都是以系统的形式存在的。高等教育作为社会大系统中的一个子系统，其内部结构由无数的子系统所构成。高等教育发展过程实质就是高等教育内部结构不断分化、功能不断扩张的过程。高等教育作为维持社会系统稳定和发展的一个子系统，其发展除了受到自身因素影响外，也会受到社会其他子系统（如政治、经济、文化、科技等）的影响和制约。因此，我们在探讨高等教育这个子系统的时候，不仅要考虑其自身内部因素的影响，也要考虑其所处的社会大系统中的宏观大环境。广东高水平理工科大学建设也是如此，除了自身因素外，也会受到其所在的社会大环境的影响。据此，本研究主要采用PEST宏观环境分析的方法，从政策、经济、社会、科技等方面对广东高水平理工科大学建设政策出台的外部因素进行宏观环境分析。

(一) 政治因素

政治因素在一定意义上与政府行为相联系，主要是指对一些组织开展活动具有实际或潜在影响的政策、法律等因素。在广东高水平理工科大学建设的背景中，政治因素主要是指广东省政府提供的政策支持等要素。正如劳恩格（Leung）所说，政策是价值的具体表达，其中包括资源和权力的分配。[①] 因此，广东省政府提供的政策在产生、调整与变化中常常会影响其利益相关者（如高校）的行为，进而引起利益相关者（高校）行为、组织方式等的变化。高水平理工科大学正是受到政府政策的支持而产生的，所以，政策支持是高水平理工科大学建设的重要因素。

高水平理工科大学建设与广东省一系列高等教育发展政策密不可分、一脉相承。从历史的角度看，广东高等教育政策大都是在国家宏观政策的指引下，根据广东省社会、经济的实际需要制定的。从中华人民共和国成立到改革开放前夕，广东高等教育发展受到政治力量强大的同化作用控制，总体上缺少创新与突破。改革开放后，广东作为我国改革开放的前沿阵地，深切体会到专业人才匮乏对经济发展的制约，在国家宏观政策指导与自身经济发展需要的双重影响下，在高等教育领域内进一步解放思想，通过政策制定来推动广东高等教育快速发展。而这些政策的制定与实施，在一定程度上为高水平大学尤其是高水平理工科大学的建设奠定了基础。

1. "中心城市办大学"时期的政策（20世纪80年代至90年代初）

这一时期的高等教育政策是广东制定特色高等教育政策的开始。国家层面首次将教育列为国民经济发展的战略重点之一，相继

---

① 参见沈娜《我国高校自主招生政策的价值分析》（学位论文），首都师范大学2012年。

出台了一系列有影响的教育政策。广东省在国家宏观政策指引下颁布了一系列教育政策文本，及时贯彻国家宏观政策，不断把教育的战略地位落到实处，如1983年广东省政府发布的《关于努力开创我省教育事业新局面的决定》以及1985年发布的《中共广东省委、广东省人民政府贯彻〈中共中央关于教育体制改革的决定〉的意见》等。在贯彻国家宏观政策的过程中，广东省根据其自身在改革开放中先行一步的经济发展特点，于1988年出台《关于高等教育体制改革的决定》，提出中心城市办大学的战略构想，形成了中央、省、市三级办学体制，率先在高等教育领域进行招生、收费及毕业生就业制度的改革，使高等教育体制发生了重大突破。之后，中共广东省委、省政府依据党的十四大提出的建立社会主义市场经济的要求，于1993年出台了《关于加快高等教育改革和发展步伐的决定》，提出把教育摆在优先发展的战略地位，增加高等教育的投入等。这些具有广东特色的政策的颁布，在一定程度上调整了广东高等教育的结构，推动了广东初步摆脱高等教育发展相对落后的不利局面，为广东实现跨越式发展、步入全国领先行列奠定了基础。

2. "教育强省"时期的政策（1994—2003年）

随着改革开放的进一步深化，广东经济发展迅速，一跃成为经济大省。然而，广东省的教育发展尤其是高等教育发展较为薄弱，虽然经过20世纪80年代的发展，取得了一定的进步，但仍然无法与广东经济大省的地位相匹配。为此，广东政府的教育管理行为和发展政策逐渐从被动接受走向积极引导，决策者也越来越深刻地意识到高等教育对经济发展的重要作用，所制定的政策也开始更多地关注高等教育发展。

1994年，广东省委、省政府出台《关于教育改革和发展的决定》，指出应进一步深化教育改革。在高等教育领域内，强调应根据广东经济、社会发展的需要，通过调整专业设置，优化专业结构，深化高等教育教学改革和科技改革，全面提高教育质量和科技水平。该文件把建设教育强省确立为基本实现现代化的重要目标，明确指出广东高等教育发展的目标和任务，是广东实现教育强省的一份纲领性文件。1998年，中共广东省委第八次党代会提出："科教兴粤"战略要求建立和完善以市场为导向、以企业为主体、以高校和科研院所为依托的科技创新体系，力争2003年进入"教育强省"行列。2001年，《广东省教育事业"十五"计划》颁布。在高等教育领域，广东省提出要建设一两所国内高水平大学，一批重点学科达到国内先进水平，若干重点学科接近或达到国际先进水平。这些政策的制定与颁布，说明广东高等教育的发展一直与经济之间保持着密切联系，也说明了建设高水平大学是广东高等教育一直以来的追求，为后来广东省建设高水平大学、高水平理工科大学以适应产业结构优化升级的需要奠定了基础。

3. "教育现代化"时期的政策（2004—2010年）

2004年，广东省委、省政府出台了《关于加快建设科技强省的决定》，指出广东正处于经济发展的新阶段，必须依靠科技进步调整优化产业结构，走新型工业化道路，建设科技强省。高校作为"人才宝库"，聚集了大量的科技人才，也拥有大量的资源和先进设备，理应成为科技强省的主力军。因此，《关于加快建设科技强省的决定》提出，要加强高校的科技创新，推进产学研，支持在高等学校建立一批国家级和省级重点实验室、重点学科和科研基地，结合广东省的特色和实际，促进原始性创新。与此同时，于2004年8月出台的《广东省教育现代化建设纲要（2004—2020年）》在高等教育方面也明确指出，要大力推进高等学校的科技创新，促进高校科技成果的转化，对高校学科专业结构进行优化调整，在重视基础学科与发展应用学科的同时，培育一些新学科。2007年颁布的《广东省教育发展"十一五"规划》则进一步明确了高等教育的主要任务，即优化调整高等教育学科专业结构，加强省域支柱产业与新兴产业所需学科的建设。由此可见，高校学科建设与产业发展之间的适应关系已经受到重视，这为高水平理工科大学进行学科专业结构调整以适应产业结构的发展要求提供了政策上的依据。

4. "南方教育高地"时期的政策（2010年至今）

2013年，广东省政府出台《广东省人民政府关于推进我省教育"创强争先建高地"的意见》，提出要大力推进高水平大学和特色高等学校建设，以"重点学科、重点人才、重点平台、重点科研项目"建设为重点，加快高水平大学发展的步伐。2015年，国务院颁布的《统筹推进世界一流大学和一流学科建设总体方案》中指出，高校要根据自身实际，合理选择一流大学和一流学科建设路径，科学规划、积极推进。地方高校开展世界一流大学和一流学科建设，由各地结合实际推进。在此背景下，2015年《广东省人民政府关于深化教育领域综合改革的实施意见》中提出要加快高水平大学建设工作，"以创建中国特色一流大学、服务国家和广东经济社会发展重大需求为目标，集中优势资源，择优重点建设一批高校和学科"。广东省在积极建设高水平大学的同时，结合本省高等教育发展的实际需要，提出加强高水平理工科大学和理工类学科建设，积极推动创新驱动发展。2016年，广东省委、省政府印发了《关于加强理工科大学和理工类学科建设服务创新发展的意见》（以下简称《意见》），提出要促进理工科高校转型发展，直接服务于地方经济社会发展，培养应用技能型人才，加大对理工科高校的支持，建设高水平理工科大学，为创新驱动发展培养所需的人才。至此，标志着广东高水平理工科大学建设的相关政策体系正式形成，为高水平理工科大学的建设提供了合法性依据。广东将深入推进教育"创强争先建高地"，继续深化教育领域综合改革，着力推进高水平大学和高水平理工科大学建设，努力走出一条具有广东特色的教育改革发展路子，争取为全国教育改革发展做出新的贡献。（详见表4-1）

表 4-1 改革开放以来广东关于学科专业结构优化调整的主要政策①

年份	政策文本名称	相关内容
1994	《关于教育改革和发展的决定》	加强基础学科,发展应用学科,扶持新兴、边缘、交叉学科
2000	《贯彻〈中共中央国务院关于深化教育改革,全面推进素质教育的决定〉的意见》	优化学科专业结构,大力发展工科,稳定提高理科、医科,调整提高人文社科,扶持农科
2001	《广东省教育事业"十五"计划》	大力发展工科,普通高等学校工科在校生比例提高到35%左右,扩大信息技术和生物技术等专业规模,扶持农科,适当发展理科、医科和文科
2004	《广东省教育现代化建设纲要(2004—2020年)》	优化高等教育专业学科专业结构,重视基础学科建设,大力发展应用学科,培育新学科,优先发展高新技术类本科专业,大力发展地方经济建设急需专业,着力提高工科专业比例
2007	《广东省教育发展"十一五"规划》	进一步优化高等教育布局结构,优化高等教育层次结构,加快发展研究生教育。大力发展应用学科,积极培育和发展新兴、交叉学科,加大扶持与广东省支柱产业和新兴产业相关的学科专业建设,积极发展地方经济建设急需专业,使高等教育的专业门类更趋合理
2011	《广东省教育发展"十二五"规划》	优化学科专业结构,重视发展基础学科,大力发展应用学科,积极培育新兴、交叉学科,优先发展与战略性新兴产业、支柱产业和现代服务业相关的学科专业,大力提高工科类学科专业比重,积极发展地方经济社会发展急需的学科专业
2015	《广东省人民政府关于深化教育领域综合改革的实施意见》	以创建中国特色一流大学、服务国家和广东经济社会发展重大需求为目标,集中优势资源,择优重点建设一批高校和学科
2016	《关于加强理工科大学和理工类学科建设服务创新发展的意见》	建设一批高水平理工科大学和理工类学科

---

① 陈伟:《广东高等教育发展研究》,暨南大学出版社2008年版,第45页。

(二) 经济因素

经济因素是指一个国家或地区的经济制度或经济结构、经济发展水平、产业布局、资源状况以及未来的经济走势等。广东高水平理工科大学的建设，体现了广东高等教育与经济发展的良性互动，也说明广东社会经济发展为高等教育的发展提供了物质基础。

1. 经济发展为高水平理工科大学的建设提供了物质基础

就高等教育与经济的关系而言，经济发展能够为高等教育发展提供其所需要的物质基础，经济发展水平影响着高等教育发展的速度、规模和数量。通常情况下，经济发展水平高、速度快的地区，其高等教育发展往往相对较快；经济发展相对比较落后的地区，其高等教育的发展往往较为缓慢。

广东近年来经济发展速度较快，经济综合实力进一步增强。具体体现在以下两个方面：一是广东省地区生产总值（GDP）持续增长。改革开放以来，在改革开放政策与经济全球化的共同作用下，广东经济获得了飞速发展，地区生产总值已持续增长了40多年。同时，毗邻港澳的区位优势和港澳台经济体的辐射作用，也为广东经济的迅速发展奠定了坚实的基础。作为经济大省，广东省的地区生产总值总量已连续27年位居全国第一。2015年，广东省地区生产总值达72815亿元，总量约占全国的10.8%；全省人均地区生产总值为67896.82元，高于全国平均水平，达到中高收入地区的较高水平（如图4-1所示）。二是广东省持续增加教育投入。为了发展省内教育，推进教育现代化发展，广东省委、省政府坚持教育优先发展战略，不断完善教育经费保障机制，加大财政教育投入。据统计，"十二五"期间，广东全面推动教育改革发展，全省地方教育经费总投入从2010年的1532.7亿元增至2015年的3100亿元，财政性教育经费从2010年的1044.02亿元增长到2015年的2300亿元，增幅超过一倍。总之，广东省雄厚的经济实力及其强劲的增长态势以及对教育投入的大幅度增加为高等教育的内涵建设与跨越式发展提供了坚实的物质基础。

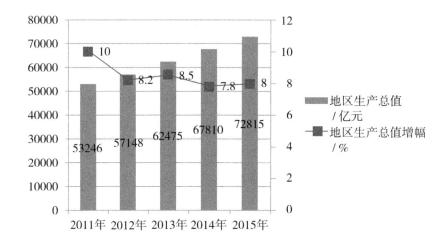

图 4-1 "十二五"时期广东省生产总值增长情况

2. 创新驱动发展为高水平理工科大学的建设提供了机遇

广东省是中国改革开放和现代化建设的先遣队和排头兵,在邓小平理论指导下进行的创造性实践,开辟了社会主义的新进程,为全国各地经济社会发展起到了示范作用。经过改革开放 40 多年的发展,广东国民经济和社会发展取得了显著成就(详见表 4-2),这为广东转变经济增长方式和调整产业结构奠定了良好的经济基础。

表 4-2 广东改革开放以来的宏观经济成就

年份	生产总值/亿元	人均生产总值/元
1978	185.85	370.00
1990	1559.03	2484.00
2006	26587.76	28332.00
2007	31777.01	32142.00
2008	36796.71	37588.00
2015	72812.55	67896.82

依据美国哈佛大学教授、发展经济学家霍利斯·钱纳里（Hollis B. Chenery）对工业化进程与经济增长的时段划分标准，可将广东改革开放以来的历程划分为五个阶段①：1978—1988 年的探索阶段、1989—1995 年的调整阶段、1996—2002 年的成长阶段、2003—2006 年的高速发展阶段、2007—2008 年的转折阶段（即广东在这一阶段刚刚走进工业化的后期，我们也称之为转型时期）。其中，2007—2008 年的转折点标志着在此后很长一段时间内广东经济都处于转型时期，经济发展方式和产业结构都面临着新的转型升级，之前依靠引进、模仿、借鉴发达国家先进技术以及优秀管理模式来生产可能性边界，以提升自身生产能力、实现经济飞跃的历史机遇逐渐消失，需要进一步发挥自身先发优势，强调自主创新精神，提升产品核心竞争力，通过自主研发、技术创新，将前沿科技运用于生产，从而提高生产能力，扩充生产的可能性边界。

从近年经济发展主要指标的增长情况来看，广东各项指标连续多年名列前茅，整体经济社会发展进入创新驱动发展阶段。创新驱动发展阶段的进一步深入，必然要求解决好科技成果的来源问题，这就需要高水平理工科大学的智力支撑。从实际发展情况看，广东目前正处于由"制造大省"向"制造强省"迈进的历史时期，引进和模仿先进技术的发展模式已无法满足实现"制造强省"这一宏伟目标的需求，必须通过自主发展相关产业的核心技术，从而实现自主创新，实施创新驱动战略。作为培养技术产业人才的摇篮，大学尤其是理工科大学是产业技术创新的重要策源地，理工科大学和理工类学科水平的高低，直接关系到能否为企业和产业提供强有力的技术和人才支撑。因此，要解决科技成果的来源问题，就必须高度重视理工科大学的发展。

然而，从现状来看，广东虽然在实施创新驱动战略、加快自主

---

① 参见龚成威《改革开放以来广东经济发展及其阶段划分》，载《现代乡镇》2009 年第 5 期，第 32～34 页。

创新方面取得了突出成绩，但其暴露的短板也不容忽视。广东省经济体量庞大，但技术创新质量仍有待提高。而进一步深化实施以创新驱动为核心的发展战略，迫切需要高等教育发挥支撑和引领作用，尤其需要加快对理工科高水平创新型科技人才的培养。人才是创新驱动发展的根本和第一资源，必须加快实施人才战略，培养和引进更多创新人才，以人才高地建设为创新驱动发展先行省的实施提供有力支撑。从高校特别是理工科高校的发展来看，承载着培养创新型科技人才使命的理工科大学，恰恰是广东高等教育发展中的短板，无论是理工科大学的数量，还是理工类专业的学生人数均低于全国平均水平。与北京、上海、江苏等经济发达地区相比，广东省理工科大学的创新实力也存在一定的差距。广东省仅有中央部属的华南理工大学和省属的广东工业大学在办学层次、规模和水平上具有一定的优势，但总体上仍无法满足经济社会转型对高水平创新型科技人才的需求。此外，从广东理工类高校的分布看，有着较好基础的理工类本科高校多分布在经济发达的珠三角地区，如广州的广东工业大学、华南理工大学，深圳的南方科技大学，东莞的东莞理工学院以及佛山的科学技术学院，这些高校所在地区作为珠三角经济发展的核心区域，正处于要素驱动向创新驱动转变的经济发展阶段，其产业结构也正从以低附加值、劳动密集型为主的结构，向以高附加值、知识密集型的高新技术产业、先进制造业和智能制造业为主的产业结构转变，急需大量高层次、高质量的高级人才。为了解决广东理工科大学发展的短板，促进高校学科专业结构与产业结构的适切发展，广东政府在提出建设高水平大学之后，提出了建设高水平理工科大学和发展理工类学科这一举措，并从广州、深圳、东莞、佛山四个城市中选择理工类基础发展较好的高校进行首批高水平理工科大学建设，以培养高层次的理工类人才，并在服务广东经济转型和创新驱动发展的同时，优化调整学科专业结构，以促进广东高校学科专业结构与省域产业结构的适切发展。

(三) 社会因素

社会因素,是指组织所在社会中成员的民族特征、文化传统、价值观念、宗教信仰、教育水平以及风俗习惯等因素。高水平理工科大学的建设不仅体现了广东开风气之先的优良历史传统,也体现了广东民众对高水平大学的期待和追求。

1. 开风气之先是广东高等教育的历史传统①

近代以来,广东高等教育始终彰显开风气之先的气魄,广东在教育改革、创新方面一直走在全国前列。无论是清代阮元、张之洞在广东推行的书院改革,还是外国教会来华办学,都说明了广东岭南文化的包容性。改革开放后,广东在高等教育领域内进行的改革——通过中心城市办大学的举措来解决中心城市对大学、对人才的需求问题,并在全国率先形成中央、省、中心城市三级办学体制,以及 20 世纪 90 年代初广东省与原国家教委首倡中央部属院校与省共建体制等,都体现了广东高等教育开风气之先的特点。正是基于这种开风气之先的特点,广东才能够在新的历史时期提出建设高水平理工科大学这一战略决策。

2. 高水平大学建设是广东民众的期望和追求

从经济发展情况来看,自改革开放以来,广东一直以其强大的区位优势领先于全国各省市的经济发展。全省生产总值持续稳步增长,经济结构不断优化,经济运行位于合理区间。从高等教育发展的规模情况来看,高等教育规模持续扩大,基本上能够满足广东社会经济对各级各类人才的需要。截至 2015 年,广东省共有高校 143 所(其中本科 62 所、专科 81 所),各种形式的高等教育在校生总规模达到 2734477 人,高等教育毛入学率达到 33.02%。② 但从高

---

① 参见陈伟《广东高等教育发展研究》,暨南大学出版社 2008 年版,第 27 页。
② 参见卢晓中等《2015 年广东省教育事业发展统计分析》,华南理工大学出版社 2016 年版,第 97 页。

校层次水平看，广东拥有高水平大学的数量及其在全国排行榜上的排名，与广东地区生产总值全国第一的排名不相匹配。截至2015年年末，广东省常住总人口为1.0849亿，地区生产总值为72812.55亿元。然而，代表高层次、高水平的"985工程""211工程"高校，广东仅有4所，全国排名前一百的大学，广东也只有5所。广东省进入"双一流"的高校仅有5所。

从高水平大学数量看，与经济发展水平相当的江苏省相比，两省拥有的"985工程"高校均为2所，但江苏省却拥有11所"211工程"高校，而广东仅有4所。全国排名前一百的高校江苏有15所，广东只有5所，前者数量是后者的3倍，并且，工科类本科院校广东仅有8所，相比江苏少了11所。从学科情况来看，广东高水平理工类学科和应用类学科数量偏少，且理工类学科整体水平较低。由此可见，广东的高水平大学在数量和水平上，都与江苏存在较大差距，较为匮乏。尤其是当前广东正处于实施创新驱动发展战略、加快转型升级的关键阶段，社会发展迫切需要一大批高层次人才和拔尖创新人才做支撑，因此，广东高水平大学的建设现状与社会需求不相适应的情况日益凸显，社会需求倒逼高水平大学建设的压力不断增大。针对这一现实情况，广东亟须增强发展后劲，必须加快高水平大学的建设进程，既要加快建设若干所国内一流、世界知名的名牌大学，也要加快建设若干所紧贴地方产业需求、支撑创新驱动发展的区域高水平应用型大学；既要加强省会城市的高水平大学建设，也要加快发展支撑城市和其他创新集聚区的高水平大学建设；更要建设若干所面向产业、服务区域产业发展的高水平理工科大学，在培养高层次科技创新人才、推动广东创新驱动发展的同时，实现广东高校学科专业结构与产业结构的适切发展。

（四）科技因素

科技因素即技术要素。科技对高等教育的影响主要表现在：一方面，科技革命推动着产业革命，使产业结构发生变化。尤其是在以物联网、云计算、大数据、3D打印技术等为代表的科技革命的推动下，科技和创新成为经济发展的主要推动力，社会被带入"科技轨道"。同时，以网络信息技术为基础的技术革新与行业相结合，为以制造业为代表的传统生产行业带来了生机，也为材料科学、空间科学、数学与系统科学、生命与医学科学等新兴行业提供了跨越式发展的机会，促使经济、社会等各方面发生变革，最终引起国民经济产业结构的重大变化。另一方面，科技革命推动了高等教育变革。高等教育系统作为社会的重要组成部分，其结构变迁越来越多地受到科技因素的影响。在知识经济背景下，科技发展更多地依赖于人力资源，依赖于人的知识和技能，依赖于对新技术的掌握和劳动者素质的提高。为了适应新科技革命的需要，高等教育应在专业设置、人才培养、学科建设等方面不断进行改革，设置与新兴科技发展有关的学科专业，培养创新型科技人才，优化调整学科专业结构，培养适应社会需要的科技人才。

具体到广东省，作为全国制造业大省，在世界范围面临新一轮科技革命和产业变革的时代浪潮下，在国家、省市大力实施创新驱动发展战略的历史背景下，科技创新作为提高社会生产力和综合实力的战略支撑，被摆在发展全局的核心位置。高校作为培养高层次创新人才的重要基地，是广东省基础研究和高新技术领域原始创新的主力军之一，是解决重大科技问题、实现技术转移、成果转化的生力军，肩负着为地区培养科技创新人才、科学研究和服务社会的三大职能，是地区创新驱动的主要推动者。因此，高校在科技创新中的重要地位将得到进一步彰显。从广东省目前的实际情况来看，缺乏自主创新企业，以及企业缺乏自主核心技术，是制约广东省制造业转型升级、实现"跟随式"发展到自主发展的关键。要从根本上解决这"两个缺乏"，就必须由本土高水平理工科大学提供智力支撑。高水平理工大学不仅能够紧跟需求地为地区经济发展提供高素质人才保证、高层次智力支持和高水平科技支撑，其理工类学科也能够发挥服务、引领地区经济社会发展和产业转型升级的重要作用，最终实现高水平理工科大学学科与产业的适切发展。

二、高水平理工科大学建设的政策价值取向

价值取向意味着主体在认识上对各种事物现象所做的抉择或所寻求的行动方向，其本质就是一种内在的心理和行为趋附。[①] 一般而言，价值取向源于主体自身内在的客观需要，它会受特定的社会环境和时代背景的影响，随着社会形态和时代背景的改变而改变。就广东高水平理工科大学建设政策而言，它可以被看作是特定时期教育决策主体的价值判断、价值选择和价值取向。

（一）高水平理工科大学建设政策以社会价值为导向

约翰·布鲁贝克（John S. Brubacher）在《高等教育哲学》一书中认为，确立大学地位的途径主要依据两种价值观，即强调学术价值的认识论和强调社会价值的政治论。[②] 其中，强调学术价值的认识论以大学的学术价值为导向，认为大学是传递和创造高深学问的地方；强调社会价值的政治论则以社会价值为导向，重视大学教学、科研等学术活动的应用价值或功利色彩，认为大学具有服务社会的职能，如服务社会、满足政治或经济需要等。就广东高水平理工科大学建设政策而言，其并没有将参与高水平理工科大学建设的高校发展目标限定为高水平研究型大学，或是高水平应用型大学，而更多的是强调高水平理工科大学的社会价值导向，即高水平理工科大学的学术价值是为社会价值服务的，无论是在人才培养或是科学研究等方面都应立足并服务于区域社会、经济、产业等的发展需要，在强调培养研究型创新人才、生产新知识服务的基础上，也强调培养产业需要的应用型创新人才。

[①] 参见李小丽《我国高等职业教育政策的价值取向及其执行效度分析》，载《职教论坛》2012 年第 16 期，第 17 页。
[②] 参见约翰·布鲁贝克《高等教育哲学》，王承绪、郑继伟等译，浙江教育出版社 2001 年版，第 13～17 页。

此外，高水平理工科大学建设政策的目的，在于通过建设高水平理工科大学来满足广东区域社会、经济、产业发展的需要，因此，该政策在公平和效率关系上强调效率优先。也就是说，建设高水平理工科大学政策实质上是对广东高等教育重点发展政策的延续。一方面，运用工具性价值取向，强调高水平理工科大学建设的计划性、预见性以及可计算性；坚持"重点投入、重点产出"的效率原则，以看得见的投入和产出来衡量高水平理工科大学建设的成就。另一方面，制定建设高水平理工科大学建设政策的初衷，就是要弥补广东理工科教育的不足，缩小广东地区高等教育与其他高等教育发达地区之间的差距。据此，扶优扶强、效率优先自然就成为该项政策的主导价值取向。因此，为实现广东省经济发展转型、加快创新驱动发展等历史目标而制定出台的高水平理工科大学建设政策，不仅成为广东省经济发展转型、创新驱动发展等特定时期高等教育发展的必然选择，也成为实现广东高校学科专业结构与产业结构适切发展的战略选择之一，在现实层面上体现了广东对高等教育发展效率的诉求。

（二）高水平理工科大学建设政策的目标导向

从高水平理工科大学的价值取向可以看出，其主要目标有三：一是服务区域经济和产业发展的需要。一方面，推动实施创新驱动发展战略；另一方面，充分利用高水平理工科大学的学科专业优势，抢占知识生产和科技创新的制高点，充分发挥其服务社会的职能，通过创新要素聚集和创新资源优化，实现科研成果的转化与应用，促进产业转型和优化升级。二是优化调整广东省高校学科专业结构，弥补广东理工类高校发展不足这一短板，使其与区域经济产业发展需求相适应。三是教育示范作用，即期望高水平理工科大学建设为广东地区其他高校发展起到"示范"作用，通过实践探索，带动其他高校的发展。正如广东省教育厅厅长景李虎所言，"建设高水平理工科大学是全省高校共同的责任，除了华南理工大学、广东工业大学等五所高校,还将扩大高水平理工科大学的范围,注重放、管、扶政策保障,做到持续性投入"①。

(三) 高水平理工科大学建设政策的政府主导模式

高水平理工科大学建设政策的价值取向决定了政府是该政策的主要推动者和决策者,即广东省高水平理工科大学建设政策延续的是自上而下的制定执行模式。"自上而下"的制定执行模式强调的是上级长官的核心地位,政策制定体现了上级长官的权利,执行者必须贯彻上级的意志。② 正如爱德华·佩奇(Edward C. Page)所言,"自上而下的政策制定观意味着:决策的重要性完全取决于它是在科层等级的哪一层做出的;因此,最重要的决策是由政府机构的最高人物做出的。……而处于科层等级低层的人们,只是执行这些决策罢了"③。广东高水平理工科大学建设是广东高水平大学建设的重要组成部分,其不仅在高等教育"创新强校工程"中占据重要的地位,对广东创新驱动发展战略的实施也起到重要的支撑作用。因此,在广东高水平大学建设的基础上,时任中共广东省委书记胡春华"点题"建设高水平理工科大学,为广东创新驱动提供支撑。这种建设模式,究其原因在于我国的国情特色,即我国的政治权力相对集中,权力的运行强烈依赖政治精英决策,决策往往采用自上而下的制定方式,以政府意志为起点,由下级政府职能部门组织实施。这种自上而下的模式在一定程度上能够起到宣传引导、鼓舞人心的作用,因此高水平理工科大学建设政策遵循自上而下的制定逻辑合乎我国的政治体制和管理体制。

---

① 《广东:高水平理工科大学建设范围可扩大》,见 http://news.ycwb.com/2017-05/04/content_24767602.htm,2017-05-04。

② 参见刘晖、李晶《省域高水平大学建设政策:历史演进与价值选择》,载《高等教育研究》2017年第3期,第34页。

③ E. Page. *Political authority and bureaucratic power*. London: Harvest Wheatsheat, 1992:61。

三、高水平理工科大学建设的政策目标与内容

当前,广东省的经济发展正迈向创新驱动的发展阶段,以前依靠政策红利和低成本要素驱动的经济发展模式已经无法满足产业转型升级的需要。经济发展方式从要素驱动向创新驱动的转变,需要技术创新和自主创新,需要培育自己的核心技术,需要大量的高层次创新人才,更需要将人才作为创新驱动发展的根本和第一资源,培养和引进更多的创新人才。而培养创新人才则需要发挥大学,尤其是理工科大学和理工类学科在创新驱动发展中的作用。然而,受历史原因的影响,广东的理工科高校布局较少,属于广东高等教育发展中的短板,这不仅表现在数量上的不足,更表现在理工类学科的整体水平远远低于江苏等与广东经济实力相当的省份。可见,在数量和质量上,广东省理工类高校及理工类学科的发展都难以满足经济社会发展和产业转型升级的需要。因此,广东率先从省域层面做出了建设高水平理工科大学的战略行动,并将其作为实现高校学科专业结构与产业结构适切发展的战略选择之一。

广东高水平理工科大学建设的主要目标和重点内容是服务广东创新驱动发展和产业转型升级的需要。主要包括以下三个方面:一是引进和培养高水平、高素质人才,为广东产业转型升级和创新驱动发展提供人才和智力支持。二是为广东科技创新项目或是国家重大科技创新项目发展目标服务,不断推出原创性科研成果,支持与引导高校聚焦产业的发展需要和产业实际,以便开展科研攻关,提高广东自主创新能力,为广东建设国家科技产业创新中心提供支撑。三是优化广东高校学科专业结构,弥补广东高校理工类院校不足这一短板,以提升广东高校质量和学科整体水平,实现高校学科专业结构与产业结构的适切发展。具体而言,广东省政府在促进省域高校学科专业结构与产业结构适切发展方面提出的高水平理工科大学建设政策的着力点主要在三个方面:一是提出理工类学科和理工科大学的具体发展目标,如要求在 2017 年,确保理工类本科生

占比提高到40%等。这为高校学科专业结构中学生数的调整提供了发展目标，通过调整不同学科学生数，来促进高校理工类学科的学科专业结构优化调整，适切产业发展需要。二是加强政府宏观调控。如支持高校适时调整优化录取批次，取消分区域招生等，说明政府鼓励高校通过调整招生计划结构等方式，吸引优秀生源就读理工类专业，为产业发展需要培养更多合适的人才，进而实现高校学科专业结构与产业结构的适切发展。三是建设高水平理工科大学、一流学科，促进理工科高校转型发展，直接服务地方经济社会发展。这说明政府鼓励与支持高校理工类学科发展与学科专业结构调整，以对接省域新一代信息技术产业、先进装备制造业、新材料产业、生物医药产业等重点领域，通过高水平理工科大学建设中的学科专业结构调整来实现其与区域产业之间的适切发展。

广东在建设高水平理工科大学的同时，应该坚持与国家、广东经济、社会发展相适应的原则，还要兼顾高校已有的基础、优势、特色、功能、总体定位等现实因素。其建设的战略目标与内容，应该是以学科建设为龙头和核心，大批量引进高水平、高素质人才，建设高水平师资队伍，深化高校体制与机制改革，推动校企合作与产业的深度融合，增强高校服务区域经济发展的能力，最终促使高水平理工科大学在人才培养、社会服务、科学研究、技术创新等方面独具特色。

第二节 高校层面：优化调整学科专业结构

一、高校学科专业结构与产业结构适切发展的路径

高校层面无论采取哪种模式来实现学科专业结构与产业结构的适切发展，其路径或手段均离不开学科建设、人才培养、产学研合作及人才队伍建设等内容。具体表现如下。

（一）学科建设

学科建设是高校整体实力与水平的综合表征，对高校人才培养、科研、师资队伍建设等方面的发展具有带动作用。高水平理工科大学建设主要是以学科建设为龙头来推进高水平大学建设，创新学科建设机制，把完善学科体系和提升学科水平作为学科建设的重中之重。在遵循学科发展规律的基础上，结合自身的定位与特色，面向广东产业的重大战略需求，尤其是现代产业体系建设和战略新兴产业发展需求，在瞄准学科发展前沿的基础上，采用学科群建设、交叉学科融合发展等方式进行学科建设。

1. 学科群建设

学科群主要是由若干不同的学科或跨学科集合而形成的学科群体，它是不同学科之间产生的依赖、促进、移植等互动行为。就广东省而言，采用学科群建设的高校主要以华南理工大学和广东工业大学为主。其中，华南理工大学重点支持轻工食品、材料、建筑与土木、化学与化工、环境与能源、电子信息、生物医学、装备制造、经济与管理等九大优势学科群建设；广东工业大学的学科群建设则瞄准支撑行业发展的核心技术问题，依托学校的一级学科博士点和广东省重点学科，集聚相关学科资源，形成以机械工程、控制科学与工程、材料科学与工程、化学工程与技术和管理科学与工程等重点学科为主的五大学科群。通过学科群建设，高校原有的学科组织界限被打破，不同学科之间的仪器设备、师资队伍或科研场所等资源能够实现自由共享、优化配置，不仅能进一步彰显学校原有的学科特色，更能利用学科群的辐射功能，带动与其相关的比较薄弱的学科发展，使其形成新的优势学科，进而提高学科水平。

2. 学科交叉融合发展

伯顿·克拉克认为，"大学是控制高深知识和方法的社会机构"①。由众多学科组成、专门化和系统化的高深知识，不仅是高等教育学的研究对象和本质所在，也是大学的逻辑起点和合法性依据。一般而言，对高校知识的划分主要有两类：一类是指以学科为分类依据的学科性知识；一类是指能够保存、传播、创新、转化、生产等具有基本形态特征的生产性知识。然而，随着社会的发展，知识和科学技术的进步，以及社会生产和重大需求的复杂化，知识分类之间的界限逐渐变得模糊，"知识越界"和学科交叉融合成为无法避免的趋势。尤其是在知识与经济、产业、社会之间联系紧密的同时，也出现了一些复杂的、综合的、无法凭某一门独立学科解决的难题，这对学科综合提出了新的要求，以致学科交叉、渗透、融合等现象纷纷出现。而学科交叉融合发展为高校学科发展提供了一条可行的路径。因此，高校在建设高水平理工科大学的过程中，不断采用新的形式进行跨学科研究，推动不同学科之间的交叉、融合与渗透，在遵循学科发展规律和社会需求的基础上产生新的学科生长点。学科交叉、特色突破②已成为高校建设高水平理工科大学的着眼点。其中，华南理工大学学科交叉融合发展的主要形式有三种，即学科群建设、依托重点实验室、创新学科组织模式，以共同促进学科交叉融合发展；南方科技大学学科交叉融合发展的主要形式是学科交叉集成研究中心，通过构建若干学科交叉集成研究中心，鼓励不同学科之间的深度交叉、渗透与融合，重点建设一批交叉学科和新兴学科；广东工业大学鼓励学科交叉，进一步探索有利于学科集成发展的学部制改革，构建交叉融合学科群平台，构建跨学科交叉研究机制，促进学科交叉融合发展；东莞理工学院则是面向产业，促进交叉学科融合发展。总而言之，学科交叉融合发展作为高校新兴学科生长点的源泉，不仅能够推动新兴学科的产生与发

---

① 伯顿·克拉克：《高等教育系统——学术组织的跨国研究》，王承绪等译，杭州大学出版社1994年版，第11页。
② 参见唐景莉《学科交叉 特色突破——著名大学校长纵论创建世界一流大学思路对策》，载《中国教育报》2001年3月15日。

展,也能够推动高校开展原创性科学研究,进而推动科技创新的发展,最终促使学科专业与产业需求的适切发展。

(二) 人才培养

人才培养是高校的三大职能之一,高校可以通过设置不同的学科专业,培养不同的人才来满足产业转型升级的需要。高水平理工科大学承担着培养高素质科技创新人才的使命,能够通过培养产业需要的人才,最终推动创新驱动发展。因此,高校在建设高水平理工科大学时,往往将人才培养模式改革作为建设高水平理工科大学的重要内容之一。从高水平理工科大学建设的内容来看,其人才培养方面的改革主要包括协同育人和创新创业教育两大方面。

1. 协同育人

其主要特点是充分、有效地利用社会、企业、政府、市场、高校等优质实践资源,构建一批协同育人平台,整合多学科创新资源,进行多专业创新人才培养,并注重将社会责任、企业文化等要素融入产学合作育人的过程中,以产学融合培养创新人才。协同育人的主要途径是构建协同育人平台,如东莞理工学院的特色产业学院,就是集技术研发、社会服务、人才培养于一体的协同育人平台,是创新人才培养模式的重要载体,能够培养产业转型和社会需要的应用型人才。

2. 创新创业教育

随着全球化的激烈竞争,以及知识经济时代的发展,创新创业型人才的培养不仅是高水平理工科大学自身建设与发展的需要,更能从根本上提高产业生产要素的利用与资源配置效率,决定国家或区域科技创新能力和工业生产能力,实现经济社会持续协调发展的客观要求。因此,在国家大力推动大众创业、万众创新的背景下,广东高水平理工科大学在建设进程中应更加注重创新创业教育,通过完善创新创业教育体系、优化人才培养模式,进而培养学生的创新创业能力。如华南理工大学构建的"创业教育—项目孵化—创新研究"三级联动平台,以及"学院—学校—省级—国家"四级学生创新创业训练项目体系等。① 又如在广东工业大学出台的《广东工业大学深化创新创业教育改革实施方案》中,提出采取多课堂融合、开设创新创业实务课程和跨专业交叉课程、改革学分制、实行弹性学制等措施来支持学生创业。

除了协同育人模式与创新创业教育之外,广东高水平理工大学还采取分类改革人才培养模式。本科生方面,如南方科技大学进一步推进"三制三化"("三制"是书院制、学分制、导师制;"三化"是国际化、小班化、个性化)人才培养模式的改革和创新,继续完善"2+2"人才培养模式,构建多元化、个性化的人才培养体系。研究生方面,如广东工业大学的研究生培养改革,通过制定分类培养方案,不仅培养了产业发展所需的知识创新人才和技术创新人才,而且利用联合培养基地和创新平台,培养了产业发展所需要的高层次应用型人才,还通过国际科研合作,联合培养研究生拔尖创新人才,为新一轮产业革命提供新生力量。

(三) 产学研合作

评价高水平理工科大学的重要指标之一,就是产学研的成果转化及其社会服务。因此,各高水平理工科大学在建设进程中都十分重视产学合作,并主要采用各类平台建设等形式,以加强高校与企业之间的联系、合作,促进成果转化,推进产学研发展。就广东高水平理工科大学的实际情况而言,其平台建设主要包括:华南理工大学依托学科、面向产业需求建设的科技创新平台;南方科技大学通过"校级公共科研平台+学科公共科研平台+教师专业实验室"的组合方式建设的学校科研平台系统;广东工业大学立足学科特色,瞄准广东产业未来的战略需求,发挥与产业深度融合的优势,

---

① 参见华南理工大学大力创新人才培养模式,见 http://news.scut.edu.cn/s/22/t/3/77/5a/info30554.htm,2016-8-22。

依托重点建设学科，搭建的各类协同创新平台（如学校依托机械工程、控制科学与工程、材料科学与技术等相关重点学科，与地方政府、产业搭建了东莞华南设计创新院、广州 IC 设计基地等协同创新平台）；东莞理工学院依托项目以构建科技创新平台，即根据自身的区域定位，整合优势资源，依据智能制造领域的产业需求，重视学校重大科技成果的培育及转化，形成以重大科技研发项目为牵引、以行业企业核心关键问题为导向、以学科交叉融合为驱动力的科技创新平台构建模式（如学校规划实施的"面向 3C 产业智慧共产关键技术研究与集成应用示范"重大项目）；佛山科学技术学院构建"高校 + 高端研究院所 + 龙头企业"的发展模式，打造"一园 N 院"，建设佛山大学科技园和一批新型研发机构等。通过创新平台建设，实现资源和创新要素的积聚，既能推动学科交叉融合高水平发展，又能培养出具有创新能力的复合型科技创新人才和高水平科技创新团队，还能推动产学研深度融合，实现成果转化，更好地服务于社会。

（四）人才队伍建设

人才队伍是整合其他各种要素、发挥所有要素综合功能的核心。高水平大学建设的核心是高水平人才，高水平人才也已经成为直接影响经济竞争、教育竞争结果的核心战略资源。换句话说，高水平理工科大学的建设，需要一批高水平人才和团队，只有这样，才能从根本上保证高水平理工科大学建设"基业长青"[①]。因此，各高校在建设高水平理工科大学时，面向广东战略新兴产业、先进制造业的重大需求，采用多种途径，重视高水平人才队伍建设。如华南理工大学依托重点学科、新兴交叉学科建设，与国家重大科研项目、重点科研创新平台建设等，建设人才队伍，通过"引才"

---

① 成洪波：《高水平理工科大学：背景需求、功能定位与建设路径——基于东莞理工学院的实践探索》，载《高等工程教育》2016 年第 5 期，第 97～103 页。

"育才"并举,加强高层次人才队伍与中青年教师队伍的建设;南方科技大学采取各类人才计划,进行学科队伍建设,最终形成由国际一流人才组成的教学科研型教师队伍,以及具有创新能力的创新团队和创新研究群体;广东工业大学依托重点学科、优势学科等,聚集高层次复合创新人才和培育高素质复合型青年创新人才;东莞理工学院通过引进具有国际前沿核心技术及产业背景的复合型人才和团队,以及重视中青年卓越后备人才培养计划等途径,进行高水平创新人才团队建设等。通过人才队伍建设,构建高端创新人才聚集洼地与高素质人才培育高地,最终形成支撑广东产业转型升级与创新驱动发展的智力支持体系。

二、个案分析:佛山科学技术学院学科专业结构与产业结构适切发展的方式

(一)面向产业,优化调整学科专业结构

佛山科学技术学院在建设高水平理工科大学之前,本质上是一所综合性全日制普通本科院校,共有 14 个学院、57 个本科专业,涵盖经济学、法学、教育学、文学、理学、工学、农学、医学、管理学、艺术学十大学科门类。其中,理工类学院共有 5 个,理工类专业数共有 26 个,理工科专业在专业总数中所占比例为 45.61%。其学科建设主要存在的问题是学科整体水平不高、特色不鲜明,且理工类学科核心竞争力不足。为了使学科发展更好地适应高水平理工科大学的建设需要,佛山科学技术学院依托佛山地区经济、产业发展转型升级需要,对学科专业结构进行优化调整。

1. 提高理工类学科学院数量并调整结构

从学院数量上看,调整前后,学院数量差别不大,学院总数由 14 个调整为 15 个;从学院结构上看,调整前,学校共有 5 个理工类学院、6 个文科类学院,调整后,学校共有 12 个理工类学院、3 个文科类学院。这就从学院层面提高了理工类学院所占比例,搭好

学院架构，为学科专业优化调整奠定基础。

2. 优化调整学科专业结构

采取"停、并、撤、转"等措施，对专业进行调整。正如佛山科学技术学院高水平理工科建设办公室的某老师所说的那样，"佛山科学技术学院是一所地方性综合大学，与其他高水平理工科大学相比（主要是指东莞理工学院），该学院工科基础比较薄弱，专业调整前，学校工科专业仅占29.8%，明显低于全省平均水平，而广东工科水平又低于全国水平。学校要想建设高水平理工科大学，就必须对专业'动刀子'"。因此，学校排除万难，对与地方产业需求联系不大的非工科专业，采取"停招、合并、撤销"等方法，停招了15个专业，从而提高了工科比例。同时，依据地方产业发展需要，新增了地方产业急需的理工类专业。到目前为止，学校共停招了非工本科专业15个，本科专业总数由原来的57个调整为48个。理工科专业共30个，所占比例为62.5%，其中，工科专业23个，工科专业集中度由原来的29.8%上升到48%，超过广东省38%的平均水平。目前学校以理工科为主、多学科协调发展的专业结构体系基本形成，高水平专业建设取得了些许成效。工科专业比例的提升，为学校后期完成"以工为主"的专业布局打下了基础。

3. 建立动态专业预警制度

即依据高校专业预警的相关理论基础，佛山科学技术学院对该校一些师资力量薄弱、招生规模小、就业情况不好的专业予以"黄牌"警告（专业预警信号中黄色表示中度预警，即各项监测指标将要超出许可范围，并对专业的发展存在一定的影响[1]），经专家重新评估后采取停招、限制招生等措施，从而避免专业的重复性、盲从性和滞后性，进而优化学科配置、调整专业结构、提高人才培养质量。如学校工业设计与陶瓷艺术学院的环境设计专业，经过多方

---

[1] 参见杨燕、李海宗《论高职专业设置预警机制的理论基础》，载《成人教育》2012年第12期，第48～49页。

评估，最后因该专业招生相对困难、专业师资少、师资力量薄弱，且学生就业相对困难等问题而实行停止招生。学校在建立专业预警制度的同时，还进一步加强对新专业开设的前期评估论证制度，拟开设的专业必须从专业开设的可行性、必要性、本地产业对该专业人才需求的实际情况、该高校自身现有的专业建设基础和条件，以及师资队伍等方面进行论证，确保专业结构趋向合理化、科学化。

（二）面向产业，构建多途径产学研合作模式

佛山科学技术学院针对科技创新与服务地方能力不足这一问题，在建设高水平理工科大学时，特别重视加强高校与产业之间的合作，采用多种途径来促进产学研合作发展。

（1）佛山科学技术学院聚焦产业，通过"高校＋高端研究院所＋龙头企业"的发展模式，打造"一园N院"，建设佛山大学科技园和一批新型研发机构，如佛山科学技术学院与中科院广州分院共建的佛山中科协同研究院等。通过这种发展模式，增加了国家项目的合作和高水平成果的产出，进而提升了原始创新能力，且增强了自主创新能力。

（2）佛山科学技术学院依托学校优势学科、重点基地和优势团队，加强与国内外高校、科研院所、地方政府、龙头企业的产学研合作，推动"校区（局/镇）联动工程"，建立面向佛山支柱产业（如陶瓷、家电、机械装备等相关产业）、战略新兴产业（如光电信息、环保、先进制造等相关产业）、文化创意产业和服务业的各类协同创新中心、创新联盟。通过重视技术转移和成果转化，培育高新技术产品、高新技术企业，孵化创新型企业，培育高水平科研成果，加强了高校与产业之间的联系，增强了创新能力和科技成果的转化能力，进而提升了佛山科学技术学院的服务创新驱动能力。

（3）建立产业学院，实现学科专业与产业的对接。如佛山科学技术学院成立的产业学院——佛山半导体光电学院，就是依托佛山重点培育和发展的战略性新兴产业——半导体照明产业（即LED

产业),该学院是依据以罗村新光源基地为支撑的照明电器产业集群而成立的。鉴于 LED 产业呈现高端化的发展趋势,相关企业特别注重引入核心技术和研发创新,并注重产业与高校之间的联系。佛山科学技术学院作为佛山本土高校,其利用自身现有的专业技术优势,尤其是在光学工程学科方面的积累(目前,该学科有校级特色专业光电信息科学与工程专业和光源与照明专业),以服务地方产业集群发展为宗旨,吸纳 LED 相关企业等参与创办集人才培养、技术研发和社会服务于一体的产业学院,实现校企之间的全方位联动,将企业的技术需求与人才需求直接体现在学院的学科设置上。同时,也吸纳了企业领军型技术人才参与学院的教学和科研活动,紧密开展产学研合作,使技术研发、人才培养和成果转化无缝衔接,在提高人才培养质量和效率的同时,推动产业高效率发展。

(三) 面向产业,校企联动培养人才

针对佛山科学技术学院人才培养特色不明显、人才培养模式不够完善等问题,该学院在建设高水平理工科大学时,大力改革人才培养模式,形成了比较有特色的校企联动人才培养模式。

佛山科学技术学院的校企联动人才培养模式最突出的特点是学校和企业共同参与到人才培养的各个环节中。也就是说,学校和企业共同制定各层次人才培养方案,共同商讨课程专业的设置,并针对产业发展的需要开设相关的理论、实验的特色专业与课程。在师资队伍方面,既引进国内外知名专家学者担任各学科的带头人,也有一批教授专业课程的高素质专业教师队伍,还有一些来自联合办学的企业、科研机构等相关领域的骨干力量担任兼职教师、教授实践课程,专兼结合、专职为主、兼职为辅的双师型师资队伍,在保障学院教育教学活动和科研活动具有较高的专业水准外,又与产业实际需求相适应。在培养方式上,采用校内学习和企业实习相结合的方式。一般先在校内进行 2～3 年的基础课和专业课学习,然后进入企业学习或实习 1 年或 2 年,一方面,可以让学生在企业实践

中运用所学的知识去解决实际生产中的问题，在解决问题的过程中形成相关研究；另一方面，通过在企业学习，学生可快速熟知企业具体业务，便于毕业后直接上岗参与企业生产经营，真正实现学校培养与企业需求的无缝对接。

通过这种校企联动培养创新人才的形式，佛山科学技术学院形成了自己独具特色的人才培养模式，不仅有利于其培养面向产业、面向一线、面向职场的，且具有较强工程实践能力的高素质应用型人才，也有利于培养高素质技能型、工程型、创新型的多层次人才，最终形成适应、支撑、引领佛山经济社会发展的人才结构。

（四）佛山科学技术学院学科专业结构与产业结构适切发展的特点

佛山科学技术学院学科专业结构调整的特点主要有两个方面：一是转型跃迁，意味着佛山科学技术学院的学科专业结构调整要从政府宏观调控下的被动调整适应，转型为佛山科学技术学院自身的主动优化调整适应并适度引领产业发展的需要。二是以产业需求为导向，即佛山科学技术学院在建设高水平理工科大学时，依托佛山地区主导产业发展需要，围绕佛山创建国家级创新城市和打造珠江西岸先进装备制造产业带的需求，加强与地方基础产业、支柱产业和新兴产业紧密相关的学科的建设力度，提高理工类学科比重，重点建设智能制造、新材料、新能源、电子信息、生物工程与食品工程、节能环保、制造服务等学科领域。这促使学校学科发展与学科专业结构调整能够适应佛山地区支柱产业、新兴产业、高新技术产业和重点发展产业（如通信、电力设备制造业、新能源、新材料、生物医药、家用电器、纺织家具、食品饮料、建筑材料和金属制品等产业，以及数控成套加工装备、增材制造设备等产业）等的发展需要，满足地区产业转型升级的需要，提高高校学科专业结构与产业结构的适切程度。

第五章　基于国际借鉴的策略优化："政府—高校—学科"三重互动下的学科与产业发展互洽

第一节　高校学科专业结构与产业结构适切发展策略的国际借鉴

随着高等教育与国家或区域经济发展之间密切程度的加深，高校的社会职能也发生了变化，由人才培养的"象牙塔"逐渐转变为社会发展的"动力站"。高校依据社会经济发展需要，通过学科专业结构调整，影响其人才培养的知识结构、水平及人力资源供给结构，进而影响经济发展和产业结构的变动。正如斯坦福大学前副校长弗雷德·特曼所言："大学不仅是知识传播和探求真理的处所，也会对一个区域产业发展、产业布局、人口密度和所在地区的声望均产生巨大影响。"[①] 因此，各国政府都高度重视高等教育。由高等教育创造出来的知识质量以及这些知识对经济发展产生的广泛应用性，对国家竞争力的提升起着重要的作用。[②] 目前，我国正在大力推进"双一流"建设，广东省在推进高水平大学和高水平理工科大学建设的过程中，亟须学习国外其他高水平大学的建设经验。本节主要从借鉴国外经验的视角，选取国外若干所一流理工科大学，分析这些大学的学科发展与产业结构适切状况，进而揭示高水平大

[①] 周少南：《斯坦福大学》，湖南教育出版社1991年版，第77页。
[②] 参见世界银行、联合国教科文组织"高等教育与社会特别工作组"《发展中国家的高等教育：危机与出路》，蒋凯译，教育科学出版社2001年版，第7页。

学学科与产业结构适切发展的方式与趋势，为我国高水平理工科大学建设中学科专业结构与产业适切发展提供有益的借鉴。

一、麻省理工学院：市场驱动下学科专业结构动态适切产业结构

麻省理工学院是由著名的自然科学家威廉·巴顿·罗杰斯（William B. Rogers）于1861年在美国赠地学院运动的背景下创办。它遵循罗杰斯的教育理念，即"将学院建成有助于整个州的工业技术和科学的进步"和"不能仅仅教授工艺技能，重要的是要为学生们将来在工业部门工作打好科学理论基础"的办学宗旨。① 麻省理工学院发展至今，形成了包括斯隆管理学院、维泰克健康科学技术学院和麻省理工—雾兹侯海洋学院等在内的7个学院，下设30多个系，在学科上涵盖理学、工学、人文艺术与自然学科等学科群。迄今为止，它已发展成为一所蜚声世界的理工科高等学府。在各种世界大学排行榜中，麻省理工学院更是名列前茅（如在2017年US News 世界大学排名中位居第二名，在2016—2017 QS 世界大学排行榜中被评为世界第一）。从其发展历程看，麻省理工学院共经历了三个阶段，即工程技术学院阶段、理工科大学阶段、综合性发展阶段②，不同阶段的学科专业结构及其特点各不相同，其学科专业结构与产业结构适切发展的方式也各不相同。

（一）麻省理工学院的发展历程

1. 工程技术学院阶段

这一阶段主要是从1861年麻省理工学院建校至20世纪二三十年代。随着美国南北战争的结束，美国国内环境安定，经济得以恢

---

① 参见王英杰《大学校长与大学办学方向——麻省理工学院的经验》，载《比较教育研究》1994年第3期，第1页。
② 参见别敦荣、李晓婷《麻省理工学院的发展历程、教育理念及其启示》，载《高等理科教育》2011年第2期，第53～55页。

复发展，国内产业结构也发生了新变化。一方面，美国制造业发展速度得以提升，其生产总值远远超过农产品生产总值；另一方面，美国工业生产总值所占比例与农业生产总值所占比例均发生了变化，尤其是1884年工业生产总值所占比例（53.4%）首次超过农业生产总值所占比例（46.6%），标志着美国成功跨入工业化国家行列。与经济发展相适应的是美国高等教育的发展。在赠地运动开展前，美国的一些学院仍然沿袭殖民地时期的古典课程模式，虽然有一些学院添加了实用的科目和专业，但是仍然无法满足工农业社会发展对专门人才的需求，更无法适应美国强国和发展实业的需求。因此，美国高等教育不论是在专业数量上或是科类上都急需重新调整。美国国会于1862年颁布的《莫雷尔法案》，通过政策引导的手段，引导获得赠地的高校做出相应的调整，注重科学和实业课程的发展，以适应国家发展需要。赠地运动的兴起，标志着美国高等教育适应社会发展的逐步展开。赠地学院开办的主要目的是满足农业现代化发展的需要，因此，这一时期高校开设的学科多为农业现代化需要的内容，如农业教育、工艺机械教育、农学、生物学等。在此背景下，着眼于追求自然科学与工业实践的结合，让科学服务于经济的麻省理工学院应运而生。

麻省理工学院从成立开始，就立足于为社会经济发展服务，十分重视与社会经济发展的适切。在人才培养方面，其主要目标是培养具有实践性和实效性的专业技术人员，以满足当时社会发展的需要；在学科设置方面，多以当时社会发展所需要的实用性较强的工科学科为主；在专业设置方面，开设了以科学和技术为主的实用性学科专业，如机械、土木、建筑、采矿和实用化学等相关专业，并强调实验室教学和实地考察。后经过十多年的发展，为了进一步适应马萨诸塞州经济产业发展需求，麻省理工学院进一步调整学科专业结构，开设了一些工学学科，如电气、化学、造船等工程类学科专业。由于麻省理工学院所开设的学科专业能够适应社会需要，因此，不仅受到新兴工业资产阶级的欢迎，而且促使麻省理工学院快速成为美国工科院校中的佼佼者。而麻省理工学院早期开设的这些应用型专业也随着社会变迁与发展成为其保留的传统学科专业。

2. 理工科大学阶段

这一阶段是从20世纪二三十年代到20世纪60年代。一方面，受"二战"影响，美国与军事相关的重工业快速增长，飞机、造船、合成橡胶等工业快速发展，促使美国工业和工业研究蓬勃发展，一些重要的新兴发展领域开始不断出现。尤其是大科学时代的来临，由科研机构、高校、企业建立合作关系进行共同研究，基础研究的重任很大程度上落到美国学术机构的肩上。① 在此背景下，一些高校抓住这一发展契机，顺应大科学时代的科学发展趋势，加快高校的转型发展。麻省理工学院正是在此背景下，由早期的工程技术学院成功转型为一所理工科大学的。

另一方面，伴随着社会的发展、知识更新技术的加快，以及美国工业生产及科研水平的发展，人们对新技术的需求日益增多，基础科学越来越在工业中得到重视。而当时的麻省理工学院只是单纯的工程学院，其物理系等理学院系的存在感微乎其微。物理学家阿瑟·康普顿（Arthur H. Compton）却清晰地认识到社会大环境的发展趋势，以及工科的发展是建立在理科等基础学科的发展之上的，因此，工程技术的发展应该建立在重视基础研究的基础上。正如他本人所言，"科学的每个用途都预先假定科学的发明被应用，因此，有用的应用科学在最后的分析中，被科研成功地揭露隐藏的自然力所限制。比如材料的缺陷，无法求解方程，或一些干扰因素。所以，只有研究领域才能清除这些限制。而今天的理工学院，为了履行其最大的服务功能，必须在实际发展科学及其应用，以及技术指导方面起带头作用"②。为此，康普顿采取一系列措施来加强理工

---

① 参见［美］查尔斯·维斯特《麻省理工学院如何追求卓越》，蓝劲松译。北京大学出版社2013年版，第5～6页。

② T. Karl. "The inaugural address". *Massachusetts Institute of Technology*, 1930 (6).

教育，如加强基础科学、加强与工业的合作、发展理科研究生教育等，并进一步优化调整了相应的学科专业结构与学院布局，为麻省理工学院转变为理工科大学奠定了基础。

随着麻省理工学院向理工科大学的转型与发展，其培养的人才不仅满足了社会需要，得到了社会青睐，其基础研究的发展，也在两次世界大战中对国家做出了卓越贡献。麻省理工学院的声誉因此得到了快速提升，人们也更加相信麻省理工学院已经步入世界一流大学的行列。

3. 综合性理工大学阶段

这一阶段，美国经济开始进入后工业化阶段，第三产业和高科技产业成为美国经济的主要支柱。一方面，随着第三次科技革命在美国的兴起，越来越多的国家开始重视教育在科学技术中的作用，美国更是将科学教育看作是推动和加速国家经济发展的重要措施，在促使科技知识呈现出大爆炸式发展的同时，一些新技术、新发明也层出不穷。科技的飞速发展对人才的类型提出了新要求，原有单一的技术人员已经无法满足信息化社会的发展需要，也无法较好地胜任快速更替的科技工作，社会发展需要更多的综合型人才。这在一定程度上促使美国高等教育开始了新的变革，同时也为美国一些高校的转型提供了外部环境。另一方面，在第三次科技革命的推动下，高校学科发展呈现出了新的特点，即学科领域的高度专业化与综合化推动了交叉学科与综合学科等的发展。在此背景下，麻省理工学院的校长詹姆斯·赖恩·吉利安（James R. Killian）开始注重学科的交叉及综合发展。一是大力发展人文科学教育，建立独立的人文学和社会学学院，将人文社会科学放到与理工科同等重要的地位。正如他在报告中所说，"我们需要的是在科学与人文学之间创造更好的联系，其目的就在于：把二者融合成一种以科学和人文学科为基础又不削弱任何一方面的广泛的人文主义，从而能从现代社会的各种问题所形成的障碍中找到一条道路来"①，在自然科学和人文科学两种文化之间架起了相互沟通的桥梁，为麻省理工学院转型为综合性大学奠定了基础。二是麻省理工学院面向马萨诸塞州经济产业的发展需要，不仅在学校优势学科专业工程管理专业的基础上成立了工业管理学院（该学院之后更名为斯隆管理学院，并发展成为世界知名的管理学院之一）②，而且依据马萨诸塞州对医药产品的需要，在政府支持下，新增了生物医学工程学科，开设生物工程、遗传与基因工程、生物学、制药工程等专业，课程包括生物学、遗传学、解剖学、大脑与认知科学等。此外，麻省理工学院建立起各种跨学科研究中心，推动交叉学科、综合学科的发展，进一步促使麻省理工学院向综合性大学转变。

（二）麻省理工学院的学科专业结构特点

根据麻省理工学院的发展历程可知，其学科专业结构呈现如下特点：一是以工科等应用新学科为主；二是基础学科与工程学科并重；三是注重人文学科与跨学科；等等。具体而言，在工程技术学院阶段，麻省理工学院的学科专业结构主要以实用性较强的工科学科为主，这一时期的麻省理工学院学科专业结构较好地适应了产业发展的需要。在理工科大学阶段，麻省理工学院的学科及学科专业结构改革方面的内容主要表现在：一方面加强基础科学，成立独立的理学院，包括化学、生物学与公共卫生学（1943年，此学科的学院组建成为独立的两个学院）、地理学、数学、物理学等学科的学院，把基础学科提高到与工程学科同等的地位，强化应用学科与基础学科的联系，使应用科学的发展建立在基础科学的基础之上。另一方面，对物理系进行重组，加强基础物理的研究，通过建立光

---

① 邰承远、刘玲编：《麻省理工学院》，湖南教育出版社1992年版，第94页。
② About MIT Sloan. (2017 - 02 - 20). http://mitsloan.mit.edu/about/background.php.

谱学实验室和伊斯特曼理化试验室等，提升物理系在学校中的地位，使其上升为可以独立进行教学与科研的基地；加强本科和研究生教育工作，使研究部门与物理学科的根本重要性相吻合。以物理系的建设和完善为突破口，加强各科基础科学，建立理学院、工程学院和建筑与规划学院等，进一步优化了学科专业结构，使学科专业结构与产业结构适切发展。在综合性理工科大学阶段，麻省理工学院开始注重人文教育，大力发展政治、经济、文学、哲学等人文社会学科。[①] 同时，由于学科开始向交叉、融合、跨学科的方向发展，"如果我们正确地看待，一所大学就是一个家园、一座大厦，科学的和睦家庭的大厦，各种科学都是姐妹，彼此之间情同姐妹"[②]，学科之间交叉发展已经呈现出不可阻挡的重要趋势，麻省理工学院开始注重跨学科发展，采取辐射实验室（即雷达实验中心，该实验中心人员大多是物理学、电机工程、机械工程和其他各方面的专家、工程师及专业人才，他们共同工作，进行跨学科研究）模式，建立若干个跨院系、跨学科的实验室和实验中心（如电子研究实验室），推动多学科交叉、融合的学科体系的发展。

20世纪90年代以来，以信息技术为代表的高新技术及其产业成为知识经济时代和信息时代的主导。创新性、复杂性、学科交叉性等，成为新兴主导产业的主要特点。新兴产业不仅需要技术上的创新，更需要不同产业部门之间的深层协作，其复杂性也要求打破学科壁垒，通过学科交叉融合来解决复杂问题。而学科交叉发展所形成的新兴技术则是新兴产业发展的前提和基础条件。如3D打印技术等的出现，正是受益于不同学科之间的交叉融合。新兴技术和新兴产业的发展，尤其是以微电子、信息网络等为代表的信息技术与虚拟制造技术的发展与应用，又进一步优化了学科专业结构，推

---

① 参见王英杰《大学校长与大学办学方向——麻省理工学院的经验》，载《比较教育研究》1994年第3期，第6页。
② ［美］雅罗斯拉夫·帕利坎：《大学理念重审：与纽曼对话》，杨德广译，北京大学出版社2008年版，第62页。

动了工程类、技术类等学科与基础学科等之间的融合发展,进一步淡化了学科界限,促使技术的科学化与科学的技术化趋势日益凸显。[①] 到目前为止,麻省理工学院在学科专业结构上呈现出以理工学科为主,应用性人文社会科学学科并重,多学科相互交叉、促进、融合发展等特点,学科间交叉融合成为麻省理工学院学科发展的一大特色。

(三) 麻省理工学院学科专业结构与产业结构适切发展的策略

麻省理工学院作为一所世界高水平理工大学,在自身发展的同时,积极服务其所在的马萨诸塞州乃至整个国家的经济发展,尤其在马萨诸塞州经济产业发展中承担着更多的责任。除了开设与马萨诸塞州产业经济需求相适应的学科专业之外,也承担了基础科学与应用科学的研究任务,重视应用型人才培养。同时,还与州政府之间形成了一种互相协作、各方参与、利益共享的合作模式。而马萨诸塞州产业经济的发展,也为麻省理工学院的发展提供了资金和空间。麻省理工学院与区域产业经济的发展保持着一种动态适应的关系。

1. 应用性学科专业满足产业发展的多样化需求

应用性学科是相对于基础性学科而言的。一般来说,基础学科研究有助于产生原创性和自主创新的核心技术成果,而应用性学科则更多的是将基础理论转化为物质形态现实生产力的学科基础。基础学科与应用学科结合发展,有助于促进技术的创新,进而带动新兴产业和产业链的发展。

麻省理工学院成立至今,其学院的学科专业都是针对马萨诸塞州乃至整个美国社会经济的发展要求而设立的,以适应产业发展需

[①] 参见李战国《美国高校学科结构调整支撑新兴产业发展的方式》,载《中国高等教育》2013 年第 12 期,第 63 页。

要的。建校初期，为了满足马萨诸塞州新兴资产阶级的要求，麻省理工学院学科专业结构主要以工科为主，开设了机械、建筑、土木、采矿、实用化学等应用性学科专业，培养工业发展所需要的专业技术人员。进入20世纪后，跟随马萨诸塞州市场经济的需求，麻省理工学院再次调整学科专业结构，开设了化学、电气、造船等工程专业，重视工科学科与基础学科研究。"二战"之后，随着麻省理工学院参与社会事务机会的增多，以及与政府、企业、社会等合作解决问题机会的增多，其在人才培养上更加注重人文社会科学与科技的结合，因而，与麻省理工学院理工等学科发展密切相关的人文社会科学等学科也得到了相应的发展。而随着生物科技时代的到来，马萨诸塞州对医药品的需求不断增加，进一步推动了该区域在医药工程领域的研究。麻省理工学院紧紧抓住机遇，及时调整学科专业结构，新增生物医学工程学科，并积极发展生物学、生物工程、遗传与基因工程、制药工程等专业，以满足马萨诸塞州经济产业的需要。总之，从麻省理工学院的学科专业结构来看，其文、理等基础性学科雄厚，基础研究能力强，学科主要以工、经、管等应用性学科为主。文、理等基础性学科是一切科学知识的源头，也是应用性学科发展的基础和后盾。文、理等基础性学科与工、经、管等应用性学科相结合，不仅是学科专业结构优化调整的需要，也是满足产业转型升级的需要。

2. 多样化的人才培养适切产业发展需要

本科生培养方面，从培养目标看，麻省理工学院制定了能够满足时代发展和社会经济发展需要的培养目标，即强调知识体系的全面性与基础性、重视学生沟通能力的培养与提升、加强学生探索精神的开发与提高。从本科生培养的教学内容看，注重专业教育与通识教育的结合，重视培养学生的创新实践能力。从教育方式看，一方面，首创本科生研究机会计划（Undergraduate Research Opportunities Program，UROP），鼓励一些优秀的本科生参与课题研究，培养、锻炼和提高自身的研究能力和创新能力。据统计资料显示，麻省理工学院85%以上的本科生在大学四年的学习过程中都参加过一项或一项以上的科研项目，并且取得了一些研究成果①，其中，有不少研究成果被批准获得专利进而投入现实生产。另一方面，重视本科生的实践能力，通过工程实习项目（Engineering Internship Program，EIP）将本科生的专业学习和实践相结合，进而培养其实践能力。麻省理工学院在本科生培养方面的最大特点是教学与科研相结合、在教学和科研中激发学生的创新意识、开发学生的创造性、培养学生的实践能力，为学生未来的发展奠定坚实的基础。正如查尔斯·维斯特（Charles M. Vest）评价的那样，"麻省理工学院教育的优势在于它的深度和强度。我们毕业生的首要价值在于他们的自律、分析技能及迎接挑战的信心"②。麻省理工学院的人才培养为马萨诸塞州的经济产业发展提供了不可或缺的智力支持和后备力量。

在研究生培养方面，重视跨学科研究。在科技发展综合化的趋势下，学科之间越来越呈现出交叉与融合的特点。麻省理工学院正是在把握时代特征的基础上，不断优化调整学科专业结构，改革研究生人才培养模式，推进跨学科研究；鼓励学生跨学科、跨专业学习，即课程的选择不局限在一个单独的院系所设的课程里，可以在教师的指导下在几个系之间进行选择，以保证对主修学科的重视程度及全部课程的完整性与均衡性。③ 除了培养研究生的专业知识和能力外，在人文学科和社会学科方面也要求研究生要有一定的基础，目的在于增进其领导才能、专业、社会道德责任感以及广博的

---

① http//www.mitadmissions.org/topics/learning/undergraduate_research_opportunities/index.shtml,2008-11-23.

② ［美］查尔斯·戴维斯：《一流大学　卓越校长——麻省理工学院与研究型大学的作用》，蓝劲松译，北京大学出版社2008年版，第11页。

③ 参见北京师范大学外国问题研究所、外国教育研究室《麻省理工学院——理工科课程介绍》，北京师范大学出版社1977年版，第394页。

知识。① 正是得益于跨学科的培养模式，学院的研究生在成为劳动力时，能够带来其从自身研究经验中获得的新观念，把技术从学术界转移到企业界或产业界中②，进而推动产业发展。

3. 市场引领学科发展

德里克·博克（Derek C. Bok）曾这样描述大学与社区之间的关系：我们不知道一个没有大学的城市是会更富有还是更贫穷，因为谁也不能预知一个没有像大学这样的大机构存在的社区会是怎样的一种情况，但是我们相信，相对来说，很少有其他方式可以像大学那样给一个城市带来如此大的经济效益。大学对地区的经济影响主要是通过与市场、企业、产业的互动来体现的。大学为市场、产业发展提供它们所需要的知识、技术和人才等各种智力支持，而市场、产业则为大学提供丰富的资金等资源支持，促进其学科的发展。

麻省理工学院是最早的创业型大学。随着知识经济时代的发展，市场的影响力愈来愈大，尤其是对这种创业型大学而言，其学科发展的重要因素就是市场因素。市场需求是高校学科专业结构与产业结构适切发展的外部推动力，市场不仅通过对人才需求的变化来影响高校人才培养结构的变化，进而影响高校学科专业结构的调整，而且市场（产业、企业等）也为学校提供其需要的科研经费资源，将学校的学科引向市场（产业、企业等）感兴趣的领域。这样，高校与市场逐渐建立起一种合作共生的良性机制，市场引领了学科发展，学科发展的成果转化又服务于市场需求；在高校提升产业竞争力、为产业界提供巨额利润的同时，产业界也会转移一部分利益给高校，为高校的学科发展提供动力，促进学科发展。③ 市场

---

① ［美］查尔斯·戴维斯：《一流大学 卓越校长——麻省理工学院与研究型大学的作用》，蓝劲松译，北京大学出版社2008年版，第11页。

② 参见［美］查尔斯·戴维斯《一流大学 卓越校长——麻省理工学院与研究型大学的作用》，蓝劲松译，北京大学出版社2008年版，第11页。

③ 参见张胤、温媛媛《行政推动、学术内生与市场引领——一流大学学科建设理论模型及其现实模式研究》，载《高教探索》2016年第7期，第59～60页。

引领学科发展的方式多种多样，既可以通过提供大量资金支持学科建设、促进学科发展，也可以通过企业、产业与高校的合作研究，即产学研合作等形式，带动大学学科发展等。以麻省理工学院的学科发展为例，产业与高校之间产学研合作的形式是市场引领学科发展的主要方式。麻省理工学院的工程学科非常强大，究其原因，除了其拥有顶尖的学术团队、学术人才支持外，也与麻省理工学院能快速地与市场需求相适应，从而获得市场资源的支持有关。据相关资料显示，麻省理工学院的研究成果和发明每年可为美国经济增收200亿美元，在全美50个州中，由麻省理工学院师生创立或通过学校进行技术转让专利许可建立的企业总数达4000多个，其中有1065个与麻省理工学院相关的企业总部设在学校所在地波士顿地区，而这其中80%是以知识创新为基础的高新技术企业[①]。而依托波士顿建立起来的生物产业基地，更是产业与麻省理工学院合作的结果。生物医学领域研究和生物技术的发展，以及马萨诸塞州市场对医药品需求量的增加，促使麻省理工学院紧跟市场发展动态，及时调整学科架构，发展生物技术、生物医学等相关领域学科，并加强与生物技术和生物医药等企业的联系，获取其资金支持，联合攻关课题研究，并进行成果转化。据统计，在波士顿地区10个顶尖生物技术公司中，就有8个是与麻省理工学院相关的，由该学院教师和毕业学生独立创办的公司。

---

① 参见田旻、曹兆敏《麻省理工学院技术转移成功因素分析》，载《科学学与科学技术管理》2006年第10期，第25页。

(四)麻省理工学院学科专业结构与产业结构适切发展的经验借鉴

1. 重视政府的引导与服务

政府的引导与服务,是高校学科专业结构与产业结构适切发展的有力保障。从麻省理工学院的发展历程可以看出,政府在高校与产业适切发展中起着重要的作用。政府可通过政策制定来影响高校学科结构与产业结构适切发展,如麻省理工学院的成立就得益于《莫雷尔法案》的颁布,政府通过政策引导的手段,引导获得赠地的高校在学科专业结构设置方面做出相应的调整,以适应国家经济产业的发展需要。麻省理工学院成立之初开设的农学、机械制造、生物学等学科专业,就是为了政府适应当时国家农业工业化发展的需要。同时,政府通过经费资助等手段加强对高校学科专业结构调整的干预,如麻省理工学院生物医学工程学科的设置就是政府引导下的结果。随着生物科技时代的来临,人民对于医药产品的需求量激增,马萨诸塞州的医药品无法满足公众的需求。因此,为了进一步适应社会对医药产品的需要,马萨诸塞州政府通过提供一些经费来支持麻省理工学院在医药工程领域开展的研究,在促使麻省理工学院生物医学工程学科快速发展的同时,也引领了生物技术产业的发展,使该州成为美国第二大生物技术产业基地,进而推动了该地区的经济发展与产业结构的调整。[①]

2. 重视跨学科研究

跨学科研究是促进学科交叉融合、形成特色学科、哺育新兴学科和交叉学科的重要方式。随着科技的发展、生产的不断现代化、新科学的迅速发展、学科间交叉融合趋势的加强,企业与高等教育中的一些重要方面正在不断地突破传统学术界限,以学科或专业为

---

① 参见张助振《高等教育与区域互动发展论》,广西师范大学出版社2004年版,第237页。

基础的传统模式正变得越来越模糊，跨学科研究的重要性正日益凸显出来。在此背景下，麻省理工学院积极推进跨学科研究来改革和优化学科专业结构，通过建立跨学科研究机构和平台开展跨学科研究，以促进新兴学科的发展。麻省理工学院拥有跨学科研究中心和实验室 37 个左右（如电子学研究室、林肯国家实验室、核科学实验室、人工智能实验室等），这些跨学科研究中心和实验室主要是围绕工科的实验室、研究中心和项目计划，是由 5 个不同学院构成的不同形式、不同层次相互交叉的跨学科研究体系。跨学科研究和跨学科机构已经成为美国研究型大学学术组织变革的新趋势。当高校资源重点流向跨学科研究的特定领域时，将会促进高校的学科建设，尤其会促进交叉学科、新兴学科和边缘学科等的产生，进而推动、引领与其相关的新兴产业的发展。

3. 加强产学研合作

加强产学研合作，重视高校与工业界的良性互动，是高校学科专业结构与产业结构适切发展的最终动力。正如麻省理工学院前校长查尔斯·维斯特所言，"大学已成为现代经济的巨型发动机，为了达到互惠互利的目的，我们不断加强与盈利性产业的合作"①。麻省理工学院作为最早推行大学与政府、企业进行合作研究的大学，十分重视高校与企业之间的合作，采取多种途径加强高校与产业之间的产学研合作，例如与企业合办技术转化机构、产品开发创新中心、工业合作项目等。其中，"工业合作项目"将麻省理工学院的知识资源服务提供给工业界，在加强工业界与高校之间合作关系的同时，促进企业自身获得经济效益，而企业为了自身发展也会对学院进行投资，支持其相关研究和学科发展。高校学科发展中取得的研究成果，反过来又能促进相关产业的发展。因此，高校在发展时，除了要考虑自身的发展和利益之外，也要考虑与自身所处区

---

① ［美］查尔斯·戴维斯：《一流大学　卓越校长——麻省理工学院与研究型大学的作用》，蓝劲松译，北京大学出版社 2008 年版，第 24 页。

域产业、企业之间的关系，承担起服务社会的职能，与企业、产业界等建立积极双向的共生关系。不仅在学科专业结构方面，也要在科学研究等方面主动适应并引领所在区域产业的发展。

二、印度理工学院：政府支持下学科专业结构适应与引领产业发展

印度和中国一样，都属于发展中国家，同样也都是世界高等教育大国。印度十分重视高等教育，尤其重视理工科教育，其软件设计、计算机制造等高新技术领域在世界上占据重要地位。[①] 其中，印度理工学院作为印度著名的国家重点大学，从成立至今不过短短数十年，却发展成为世界知名理工大学，不仅在高等理工教育和基础应用研究方面占据着极其重要的位置，成为印度高等教育的一面旗帜，对印度经济发展有着直接贡献，还为印度带来了世界性声誉。印度理工学院的迅速崛起与成功发展为世界一流理工大学的经验值得我们探究。

（一）印度理工学院的发展历程

印度在独立前，由于受英国殖民统治，农业发展缓慢，且长期处于停滞的状态。工业则是从属于英国的工业体系。为了使印度成为英国商品的市场和原料产地，英国殖民统治者严格控制印度工业的发展和机器工业的出现。在这一时期，印度只是有了工业发展，并没有开启自己的工业化进程。与此同时，印度的高等教育发展主要服务于英国殖民统治的需要，目的是培养一些行政部门的公务员等，因而在这一时期，高校主要以语言、文学、法律、宗教等学科专业为主，高校的学科设置与经济产业的发展之间相互独立，且适应性不足。

印度独立后，政府颁布和实施了一系列政策来促进经济的恢复

---

① 参见黄碧泉《印度理工学院管理特色研究》（学位论文），中南大学2007年。

与发展。工业方面，印度在发展基础工业和重工业的基础上，提出工业化发展战略，采取一整套发展国民经济的措施、方针和政策，大力推进印度工业化发展。而印度科技水平薄弱、科技人才短缺等问题与印度重工业项目的发展需要大量高级工程技术人员和研究人员之间的矛盾日益突出，因此，建立一所能够培养掌握研究、设计、开发等技术的科技人才以满足国家发展需要，同时又能够与国外一流理工学院相媲美的高等理工学院成为印度经济发展的首要任务。在此背景下，印度理工学院得以成立。

与此同时，政府加强对科学技术发展的重视，将其看作是维护国家独立和经济独立的基础。20世纪60年代以来，政府将重点发展技术教育列入国家第三个"五年计划"，进一步加强对理工教育的投入。20世纪80年代，拉吉夫·甘地（Rajiv Gandhi）上台，印度政府提出用科学技术把印度带入21世纪，大力发展高新技术，特别是计算机技术，颁布"计算机软件开发、培养和出口政策"。20世纪90年代，印度政府对三次产业结构进行调整，将产业发展的重点倾斜至第三产业，致使第三产业的比重不断激增，尤其是第三产业中的服务业（软件和外包产业）逐渐发展成为印度的支柱产业。与服务业中软件和外包产业相关的计算机、软件等学科专业也得到了发展，工程类科技人才队伍迅速发展，促使印度软件产业蓬勃发展，尤其在软件和信息技术服务方面，取得了令世界瞩目的成绩。政府层面对科学技术的重视与支持，为印度理工学院迅速崛起成为一流理工学院奠定了基础。

印度理工学院发展至今，共有7所分校（见附录表三），即德里理工学院（中心院校）、坎普尔理工学院、卡哈拉格普尔理工学院、马德拉斯理工学院、孟买理工学院、瓜哈提理工学院和罗克里理工学院，是印度最顶尖的工程教育与研究机构，在高等理工教育和基础应用研究方面具有重要地位，被称为印度"科学皇冠上的瑰宝"。其培养的能够满足国家科技需求的从事研究、设计和开发的最有才干的科技人才①，不仅对印度信息技术产业发展起到了很好的推动作用，也为印度的现代化进程做出了巨大贡献。

（二）印度理工学院学科专业结构的特点

印度理工学院地域分布广，分校分布在印度全国7个不同的城市，其中德里理工学院是其中心院校。印度理工学院作为一个大学系统，规模比较大，由7所分校组成。这些分校虽然由印度理工学院理事会统一管理并从整体上做出宏观调控，但却又相对独立、各具特色，均为具有独立法人地位的学校，拥有很大的自治权力，分别管理自己学校内部的学术与行政事务，并能够根据自身学校的实际状况及实际需要做出更加科学的决策。

印度理工学院所开设的学科专业各具特色，且多以理工类学科为主，学科专业结构纷繁多样，既有以应用型工科学科为主的学校，也有兼顾基础学科与应用学科的学院，还有围绕交叉学科和新兴学科形成的教学组织（见附录三）。但总的来说，印度理工学院在学科专业设置方面具有少而精的特点，所开设的学科领域也都与工业发展、社会经济发展需要相适应。其学科专业结构的特点主要为"学科设置相对集中，以理工类学科为主，重视基础学科，发挥优势学科，人文学科兼具特色"。具体体现在三方面：一是重视基础学科及计算机科学与工程学科。其所开设的物理、数学、化学等基础性学科，是一切科学知识的源头，目的是揭示自然界和人类社会发展的普遍性规律。虽然基础性学科无法带来直接的经济效益，但可以通过影响人才培养质量，进而影响到高校其他学科的发展，是高校应用性学科发展的基础和后盾。而计算机科学与工程则是印度理工学院7所分校中的强势学科，该学科的建设与发展得益于第三次工业革命和印度领导人卓越的眼光。印度政府抓住计算机革命

---

① 参见安双宏《印度高等教育问题与动态》，黑龙江教育出版社2001年版，第172页。

这一有利时机，做出改革，大力支持计算机科学与工程学科的发展，不仅使该学科成为印度理工学院在各分校的强势学科，也推动了印度高新技术产业的发展，促使印度产业结构发生变化，即以制造业为主的工业地位被以软件业和信息产业为主的服务业所代替。二是一些优势学科与地方产业发展相适应。印度理工学院各分校中开设的优势学科主要有纺织技术、冶金和材料工程、海洋工程、机械工程、应用工程、地震、水资源等，这些优势学科除了与国家产业发展需要相适应外，也与地方产业发展相适应。以德里为例，德里的产业结构主要以制造业为主，既有传统制造业，如棉毛纺织品制造业、服装制造业，也有机械产品、精密仪器、汽车部件、钢铁、化工、电子产品等工业。而印度理工学院德里分校开设的应用工程、化工、机械工程、纺织技术等学科领域，通过培养人才适应了该地区产业的发展需要。三是重视人文学科。印度理工学院非常重视人文学科，尤其是在人才培养过程中重视基础知识与人文素质的培养，正如埃里克·阿什比（Eric Ashby）所认为的"具有教养比具有高深学问更重要"，印度理工学院在重视人文社会学科的同时，注重将人文与科技相结合，通过开设相应的课程，如文化人类学、自然科学的历史、艺术哲学等，使其所培养的学生在具备科技素养的同时，也具备一定的人文涵养。

（三）印度理工学院学科专业结构与产业结构适切发展的策略

1. 计算机科学与工程学科发展引领相关产业发展

20世纪80年代，世界信息技术浪潮兴起，为了改变国家贫穷落后的面貌，印度政府大力发展信息技术。作为印度重点高校的印度理工学院理所当然地抓住了此次机遇，大力发展计算机科学工程学科领域，并将其作为7所分校的强势学科大力发展，在培养信息技术相关产业所需要的各类高级人才的同时，推动了印度IT产业的发展，促进了印度产业的优化升级。印度虽然在20世纪90年代的经济改革中错过了发达国家产业结构调整和劳动密集型产业转移的时机,却赶上了世界信息软件业发展的大好契机,给印度产业升级带来了前所未有的空间和能量。①

2. 人才培养与科学研究助推产学研合作

现代大学主要有三项基本职能,即知识传承、科学研究和服务社会。印度理工学院与其他世界一流大学一样,十分重视这三大职能,并将其付诸实践。该学院不仅注重在教学、科研过程中传授知识给学生,还注重学生的实践技能和动手能力,以及其人才培养与产业互动的协调发展,使学生在离开学校时能够将自己学习的知识应用于实践,更好地服务于社会。

印度理工学院注重人才培养与产业互动的协调性。在印度理工学院负责人看来,学校有责任借助产业界的力量,为人才培养创造一个能够了解和接触科技产业发展的校园环境。因此,印度理工学院在课程设置时,特意邀请了一些"产业界老师"参与授课,在教育内容上与产业保持动态的互动联系;形成一个互惠互利的循环体系,产业界通过学校这个平台为学生提供一些产业的最新相关动态和信息资源;学校将各类专业知识、实践知识和产业相关信息知识教授给学生,通过人才培养的方式,培养产业发展需要的各类人才,促进产业的发展。以印度软件产业为例,在印度从事软件产业的25万人员中,有8万人是直接向欧美客户提供技术服务的,而这8万多人中的大多数都是由印度理工学院培养的。② 由此可见,印度理工学院通过人才培养来满足产业的需求。

同时,印度理工学院通过科研、工业咨询、成果转化等形式,加强与产业的联系,将学校与工业界、科技界的互动看作是学校与国家、社会、经济发展相适应的象征,也是学校持续发展的重要导

---

① 参见陈羽《印度产业升级的路径依赖和路径创新——基于新制度经济学视角的探讨》,载《南亚研究》2013年第4期,第24~25页。
② 参见徐风《印度理工学院——亚洲大学的典范》,载《东南亚南亚信息》2000年第4期,第17页。

向。学校不仅对能够满足国家需要、可以解决工业、社会的实际问题的学科进行研究，也会对社会、科技发展凸显出来的一些交叉学科、边缘学科等予以关注，还会通过工业咨询的形式，加强与企业、工业之间的联系。此外，印度理工学院还设立了专门的创新与工业转化基金会，作为学校与工业界联系的一个界面，将学校的科研成果进行转化，并且应用到产业中，同时，又把与产业和社会中相适应的东西引入到学校科研中来，以进一步加强学校与产业之间的联系。

3. 国际合作促进学科建设

学科建设是一流大学建设的关键所在。与发达国家相比，印度作为发展中国家，其高等教育的整体科研水平和学术环境相对薄弱和落后。因此，印度理工学院要想建成世界知名大学，在学科发展上有所突破，加强国际合作是一种不错的发展途径。也正是在国际合作的基础上，印度理工学院的一些学科，尤其是新兴学科才能跻身世界前列。如印度理工学院德里分校，该分校积极参与国际合作，加强与其他国家的合作，借助项目研究资助及其他国际资金的支持，建立了一些现代化实验中心，对海洋科学、航空航天、工业纺织、机械工程等国家急需的领域进行研究，在推动相关学科发展的同时，也推动了德里分校的跨越式发展，使其在很短的时间内提高了国际影响力。

（四）印度理工学院学科专业结构与产业结构适切发展的经验借鉴

1. 政府的支持和政策导向是关键

运用制定政策的方式引导教育发展，一直以来是各国政府最常用的一种方式。研究者们很早就从政府与高等教育关系的发展变化中察觉到了这种国际趋势，即各国政府将高等教育发展、革新、多样化等责任转移给高校的同时，却保留了制定广泛政策的权力，尤其是制定预算政策的特权。① 印度政府亦不例外，印度理工学院的发展更是离不开印度政府的支持与政策的导向作用。

一方面，从印度理工学院创立到今天的发展历程来看，政府持续稳定的政策支持和导向作用是其能够保持高水平发展的关键。印度政府在印度独立后的几十年间，颁布了一系列稳定且持续的教育政策，如《国家教育政策》《科学技术决议》《新技术政策》《教育行动计划》以及"知识行动"等，不仅保障了印度理工学院的发展地位，也为其成为世界一流理工类大学提供了重要力量。另一方面，政府出台一系列法律，为印度理工学院的发展提供了法律依据。如《印度宪法》中关于科学技术发展地位的内容，为印度理工学院的工程教育提供了法律依据。正是在该法的作用下，从贾瓦哈拉尔·尼赫鲁（Jawaharlal Nehru）开始，印度历届政府都将科学技术教育的发展放在了突出地位，重视工程技术教育，加强对印度理工学院的支持和引导，使其发展能够紧随国际经济发展潮流，成为现代知识经济基地。此外，《印度理工学院法案》和《技术学院法》等专门性法案的颁布更赋予了印度理工学院的自主办学权和高度自治权。与此同时，政府还会依据社会经济发展的新变化和新需求及时对专门法案进行修订，使其能够更好地适应印度理工学院的发展需要。

2. 重视学科专业设置主动适应经济产业发展的需要

印度独立之后，经济社会发展缓慢。为了推动印度经济发展、满足印度工业发展的需要，政府立足于印度民族自身的数理优势，提出大力发展理工教育，认为理工教育是快速提高国家科技水平的有效途径，倾全国之力，建设世界一流理工大学——印度理工学院。

印度理工学院从成立之初就肩负起为印度提供科技人才的重

---

① 参见［荷兰］弗兰斯·F. 范富格特《国际高等教育政策比较研究》，王承绪等译，浙江教育出版社2001年版，第1页。

任，同时致力于将科学技术转化为生产力以服务印度经济的发展需要。因此，印度理工学院在发展过程中设置紧贴社会经济发展需求的多元化的学科专业结构，主动适应社会经济的发展，引领市场变化和产业结构调整。印度理工学院的七所分校在学科专业设置上各有自己的优势学科和侧重学科，在满足国家社会经济发展需要的同时，也与区域产业发展需要相适应。如印度理工学院德里分校位于印度德里，该地区是一个中小规模的制造工业中心，其产业既有传统的制造业，如纺织业、印刷业等，也有轻工业，如食品加工等，还有一些钢铁、化工等制造业。因此，印度理工学院德里分校除了开设其特色学科计算机科学与工程之外，主要以该地区产业需要的工学学科为主开设学科专业，如应用工程、生物工程与生物技术、化工、机械工程、纺织技术等。

3. 重视高校与产业的合作与互动

在政府层面，积极促进高校与产业的结合，大力培养产业发展所需的理工类人才。20世纪90年代以来，一方面，印度实施了经济自由化、税收优惠和关税特许等政策，颁布了《计算机软件出口、开发和培养政策》，鼓励高校和产业相结合来推动计算机产业的发展。同时，还颁布了《国家教育政策》，进一步明确指出，要积极支持高校科学研究，并建立适当的机制来协调高校的科研，特别是对科学技术的尖端领域中高校和其他部门所进行的研究项目加以协调。另一方面，政府层面依托印度理工学院等高校实施"软件技术园区计划"，促进高校与产业发展的结合。

就高校层面而言，"适应"市场需求与"引领"市场变革是印度理工学院的神圣使命之一。实现该目标的路径多种多样，如供给企业所需人才、创办高新技术产业、提供科技服务等，都可以影响产业发展。这些路径被美国学者韦斯利·科恩（Wesley M. Cohen）等概括为专利、非正式信息交流、出版物和报告、公共会议、大学毕业生的聘用、许可认证、合作研究风险公司创建、合同制研究、咨询、短期人员交流等。① 但无论怎么归类，都无法将高校影响产业发展的路径全部容纳进来。换言之，不同国家的影响路径不同，不同高校对产业的影响路径也不相同。就印度理工学院高新技术产业的代表产业——印度软件产业而言，其对软件产业的影响路径主要有三种：一是加强与产业、企业的合作，校企联合培养人才。在人才培养方面，重视实践性教学和学生的实践动手能力，尽可能创造一个能让学生充分了解科技产业发展的校园环境。同时，加强与一些公司的合作，通过产学研合作的形式进行人才培养。如印度理工学院德里分校与西门子、IBM 等多家软件公司建立联合实验室和实训基地，在兼具教学和生产功能的实训环境下培养学生，使学生的实习成果可以直接转化为企业产品进入市场。此外，高校在课程内容方面严格按照企业的要求进行设定，使培养的学生能够符合企业对人才的需求标准。二是设立专门机构，为产学研合作提供平台（如德里分校的工业研究与开发部门等），加强高校与科研机构、企业界、产业界的联系，同时建立孵化器。印度理工学院现已拥有一套成熟的孵化器组织模式，各分校孵化器机制旨在为拥有可商业化研究成果的学术企业家和对某产业领域研究感兴趣的在职企业家创办公司提供孵化服务。三是重视科研成果的转化，开展研发活动与成果转让。如印度理工学院于 1992 年成立了"创新与技术转移基金会"，其目的就是加强高校与企业界、产业界的联系，以促进经济产业的发展，并广泛吸纳企业、工业协会组织等为会员，积极向会员提供各种服务。

---

① W. Cohen, R. Nelson, J. Walsh. "Links and impacts: The influence of publicresearch on industrial R&D". *Management Science*, 2002 (1): 1 – 23.

三、日本筑波大学：政府调控下学科专业结构调整适切产业需要

（一）筑波大学的发展历程

筑波大学是日本建立的一所面向 21 世纪的新型大学，位于日本筑波科学城中心。虽然它正式成立于 1973 年，但其源于 1872 年东京创办的师范学校，最早以培养教师为主旨。1929 年，升格成东京文理科大学。升格后，学科数量呈现增加趋势，学校社会职能进一步得到拓展，在重视知识传授与教学研究的基础上，开始重视科学研究职能。后在新制大学改革的背景下，东京文理科大学合并了一些专门学校（如体育、农业等专门学校），于 1949 年成立了东京教育大学。在继承东京师范学校和东京文理科大学传统的基础上，该校将人才培养作为学校的重要任务，开始设立研究生院，大力发展科研，将科研作为大学的重要职责，并设置文、理、教育学、农学、体育、光学等学科。

"二战"之后，日本的经济发展出现了很多问题，如注重引进国外技术、忽视原创性基础研究、基础性研究成果转化困难等。从 20 世纪五六十年代开始，日本政府不断采取一些措施来改善经济发展中面临的这些问题。1961 年，日本政府提出"筑波科学城"的设想，主要用来发展应用技术、基础研究，尤其是高新技术。其实质是日本政府为实现"技术立国"目标而建立的科学工业园区。1967 年，东京教育大学被日本内阁批准作为迁移筑波地区的预定机构。1973 年，《筑波大学法案》通过，筑波大学正式成立，与其他研究机构一起成功迁移到筑波科学城，形成以国家试验研究机构和筑波大学为核心的综合性学术研究和高水平教育中心，推动了基础研究、高新技术等的发展。

（二）筑波大学的学科专业结构特点

20世纪70年代后，受世界石油危机的影响，日本钢铁、化工等耗能高的重化工产业发展的条件基本丧失，其产业结构开始向技术密集型和知识集约型转变，主导产业由石油、钢铁、化工等资源、技术密集型产业转向以汽车、半导体、信息等为主导的技术、知识密集型产业，汽车、电气机械中的半导体和精密仪器以及信息产业逐渐成为日本的支柱产业。与此同时，产业结构的转型升级对高等教育也提出了新的改革要求。一方面，为了适应第三产业发展的需要，一些专修学校迅速成立，在学科专业设置上更加灵活和多样，工业、农业、护理、公共健康、教育、商学、家庭经济和文化类等学科快速发展，使第三产业与更高层次的发展相适应。另一方面，为了培养综合型创新人才，高校学科专业结构呈现跨学科、综合化的特点。在此背景下，筑波大学开始对原有的教育组织进行学群制改革：1973年，设置了第一学群、医学专门学群、体育专门学群等；1975年，开设了第二学群、艺术专门学群等；1977年，开设了第三学群。2007年，筑波大学将"学群·学类"制度进行了重新修订。在修订之前，筑波大学的学群是以中心性专业领域为基础的，由几个学科领域构成，一共有7个学群，即第一学群（基础学群，包括人文、社会、自然3个学院，主要承担学校基础课的教学）、第二学群（文化·生物学群，包括比较文化学院、日语·日化学院、人类学院、生物学院、生物资源学院，是跨学科的学群）、第三学群（经营·工程学群，包括社会工学院、国际综合学院、信息学院、工学系统学院、工学基础学院，是新的构想和尖端科学组成的学群），以及医学、体育、艺术、图书馆信息4个专业学群。① 2007年4月，筑波大学对原有的学群、学类制度进行了重

---

① 参见胡义伟、伍海云《筑波大学学群制度解读及其启示》，载《现代教育科学》2010年第2期，第84页。

新修订，不仅改变了一些学群的名称，同时也增加了一些新的学群、学类、专业等。到目前为止，筑波大学共开设了9个学群，开办了54个专业。

筑波大学从创办开始，就强调大学发展应适应和引领社会发展，注重应用研究，其定位是发展成为重视科学技术研发的大学。在学科发展上，重视交叉学科与新兴学科的发展，强调不同学科之间的融合，打破现有学科组织的设置模式等。① 其学科专业结构与传统大学的学科专业结构有所不同，主要以学群制—学类—专业为主。从附录四可以看出，筑波大学共设社会·国际学群、人文·文化学群、人类学群、生命环境学群、理工学群、信息学群、医学学群等9个学群，学群所涉范围广泛，学群与学类的应用性凸显，学群的专业设置更加突出综合性与专业性相结合，学科专业结构呈现基础学科与应用学科并重，人文社科、理工、医学、艺术等学科综合发展，学科融合促进交叉学科与新兴学科发展等特点。

（三）筑波大学学科专业结构与产业结构适切发展的策略

1. 改革学科组织设置模式，建立学群制

学群制来源于经济学的产业集群理论，主要是通过专业化分工来降低生产成本、提高劳动效率，最终形成一定的规模效应。而专业化分工效应又能促进产业之间的合作，实现优势人力资本聚集及集体劳动效率的提高，进而提高产业的生产效率。学群制的形成在某种程度上借鉴了产业集群理论，通过集群的形式，实现优势学科的聚集，在学科分化的基础上，依靠学科间的合作促使学科优势集群的形成。筑波大学学科群的成立，一方面，改革了学科组织设置模式，打破了传统学科间的壁垒，促进了学科交叉、新兴学科等的

---

① 参见［日］清水一彦《本筑波大学人事制度改革的现状与问题》，姜英敏译，载《比较教育研究》2006年第10期，第52~56页。

形成与发展（如筑波大学环境科学、社会工学等新兴交叉学科的形成），适应了社会产业的发展需要；另一方面，在一定程度上加强了一些学科与筑波科学城之间的互动发展，并最终形成筑波城支柱产业发展所需的优势学科（如信息学科、生命学科、电子学科等）。

2. 加强与筑波科学城的协同创新

筑波科学城在日本科技发展战略中具有重要地位，它处于日本产学研合作体系中的最高层次，主要以高等教育研究、科研成果产业化等为主题。就筑波大学而言，它是筑波科学城中主要的高等教育和研发机构，其定位是进行基础知识的生产与创造，主要通过两个方面与筑波科学城进行互动：一是政府层面设立筑波科学城的主管部门，通过协议会的形式协调科学城内大学、企业等之间的关系，最终形成以政府主导为主，筑波大学、筑波科学城等各类产学研机构协同配合的格局，实现不同主体之间的有效合作机制。二是筑波大学与筑波科学城之间构建的协同创新模式，通过一定的市场机制构建合理有序的协同生态环境，协同创新进行知识生产，实现知识生产要素从生产到产业化的运行，进而实现协同创新的整个流程。

（四）筑波大学学科专业结构与产业结构适切发展的经验借鉴

从筑波大学学科专业结构调整的历程，以及学科专业结构与产业结构适切发展的方式来看，筑波大学在学科专业结构与产业结构适切发展方面主要得益于政府的宏观调控。日本政府很早就开始关注高新技术产业的有序发展，虽然到了20世纪80年代才建立"技术立国"的发展战略，但无论是政府还是产业界都早已经认识到技术在经济发展、产业结构合理化中的重要作用，也早就意识到需要依靠高新技术产业发展来提高日本的国际竞争力。因此，政府通过发挥其宏观调控作用，制定高新技术产业发展计划和产业政策，加强与产业界的联系，指导、协助产业界发展高新技术产业，促进日本产业结构的优化调整。同时，政府通过规划建设筑波科城，使该区域汇集了大量的科研机构、研究人员、高校（筑波大学）等，并联合科研机构、企业、大学、民间组织等形成了全方位的产学研合作创新机制，促使筑波科学城内先进技术的研发和推广。筑波大学正是在政府建设筑波科学城的背景下搬迁而来并得以建成的。为了更好地使筑波大学的学科发展与产业发展需要相适应，筑波大学建立了专门的产学研合作部门，专门从事与产学研合作相关的活动，鼓励创新，加强大学与企业、产业之间的区域合作，建设区域内的创新网络。同时，进行知识技术的转移，推进企业与高校的研发合作等。筑波大学作为筑波市产学研合作的核心，积极加强与各教育研究机构及产业界的合作，在筑波产学研合作平台上扮演着十分重要的角色，促进了筑波大学与区域产业发展之间的适切发展。

第二节　省域高校学科专业结构与产业结构适切发展的策略优化

基于前文高水平理工科大学建设成效与问题、高水平理工科大学学科专业结构与产业结构适切发展的路径选择，以及国外高水平大学学科专业结构与产业结构适切发展的经验可知，广东高水平理工科大学学科专业结构与产业结构适切发展可以从以下三个层面进行策略优化。

一、政府层面：加强宏观调控，完善学科管理制度

（一）建立动态学科专业调整机制

学科专业结构优化调整的关键，在于正确处理好政府、社会和高校在学科专业建设中的关系。因此，应该加强政府宏观调控，通过宏观政策调整，使高校学科专业结构优化能够主动适应进而超前

引领产业转型升级。《国家中长期教育改革和发展规划纲要（2010—2020年）》中明确提出，高校要按照国家法律法规和宏观政策自主设置和调整学科专业。《中华人民共和国高等教育法》也明确规定了高等学校可以依法自主设置和调整学科、专业。然而，尽管学科、专业设置和调整的一些权限（目录之外的学科专业等除外）已逐步下放到省一级的教育行政部门，但涉及目录之外的学科、专业的设置与调整，仍旧需要上报教育部门审批与备案，高校学科专业设置与调整的自主权仅仅是有限范围内。因此，要真正落实高校自主设置与调整学科、专业的权力，需要进一步改革我国学科专业的相关管理体制，使政府层面宏观管理与高校层面自主调节相结合，建立动态学科专业调整机制，及时促进学科专业结构的优化与调整。

1. 政府宏观管理方面

政府宏观管理，即政府通过制定和实施现阶段的学科政策，实现学科专业结构的战略性调整，促进国民经济的持续发展，以及社会的稳定和进步。政府在协调高校学科专业结构的调整中，可以充分利用各种宏观政策和经济手段进行调控。例如，利用财政政策引导高校学科专业结构调整的战略安排，即政府明确所要支持的重点学科建设，通过资金支持的形式，加强对相关学科专业领域的支持力度，引导高校依据自身实际情况来完善学科发展规划，避免学科发展的趋同竞争。同时，国家要加强宏观层面的规范指导，鼓励高校根据区域产业结构调整和战略新兴产业的需要，结合自身资源与学科发展要求，在一级学科的宽泛框架下自主设置二级学科。此外，各级政府要各司其职，中央政府管理好部署高校的学科专业结构优化工作，减少对地方政府、地方高校学科专业结构优化工作的干预。地方政府在中央政府的领导下，改革管理思想，创新管理体制，将工作重心集中在依据区域产业发展对人才的需求情况而制定辖区范围内的短期和中长期学科发展规划等中观层面。如地方政府依据区域产业发展对人才需求的紧缺程度，及时发现区域人才需求和学科专业设置方面的信息，指导高校合理调整专业设置，减少学科过度重复和资源浪费现象，进一步优化高校学科专业结构，使高校学科专业结构与社会、产业发展需要相适应。同时，地方政府应该完善学科培育机制，在鼓励传统优势学科发展的基础上，大力扶持一些比较有发展前途的新兴学科、交叉学科等，助推新兴产业的发展。并在加强对本区高等学校学科专业建设引导同时，努力形成具有区域特色、各类学科专业协调发展、互为支撑、相互补充，同时又能适应产业发展需要和人才市场需要的合理的学科专业结构布局。

2. 高校层面

高校依法自主设置学科是形成特色学科的基础。从2002年开始，我国政府开始逐渐下放二级学科设置自主权。2010年教育部印发《授予博士、硕士学位和培养研究生的二级学科自主设置细则》，进一步规范了二级学科自主设置，优化了学科专业结构。2011年，实现了自主设置二级学科权力的全面下放与推广，允许高校根据自身学科特色自主设置目录内外的交叉学科。这有利于高校依据社会、产业需求，调整人才培养结构，推动新兴、交叉学科的发展。虽然高校在学科、专业设置与调整方面拥有一定的自主权，但是，由于高校责任缺失、政策以及评估的偏差、自身条件和保障不力，致使自主设置学科出现了一些问题，如学科规范不够、学科发展后期建设跟不上等。因此，高校需要进一步完善自主设置二级学科的相关政策与制度，提升自主设置二级学科的质量，进而提高高校整体学科水平，优化学科专业结构，促进新兴学科与交叉学科的发展。

总之，在学科发展与学科专业结构优化调整的过程中，应该处理好政府与高校、市场（产业）之间的关系。政府尤其是地方政府，应依据区域经济发展需要及其产业结构优化升级的需要，鼓励并支持一些高校发展一批与区域主导产业和新兴产业相适应又具有特色的高水平学科，引导高校进行学科专业结构优化调整，围绕产业转型升级需要，形成一批优势学科及特色学科，并以重点学科或优势学科为主形成学科集群，进而推动区域产业的转型升级和区域创新的驱动发展。

（二）健全与完善学科准入与退出机制

学科作为大学的基本构成细胞，对于大学乃至高等教育而言，其重要性毋庸置疑，而学科准入作为学科建设的重要环节也是不容忽视的。学科准入制度是关于知识体系进入大学成为大学合法性学科的制度，它主要决定哪些知识体系能够进入大学并成为大学学科，其实质是知识体系在大学的合法性认定。一般而言，一门新的学科想要获得大学的合法性，可以通过国家权力来保障，也可以通过大学行政权力得到认可，或者可以通过教授权力得以确认，又或者是社会权力的推动，它是多方权力博弈、塑造的结果。由于不同的利益主体有着不同的诉求，因此，他们在促进或排斥学科准入方面也有着不同的要求。但总的来讲，一门新学科想要进入大学，获得合法性认可和准入，就要遵循实用原则、教养原则、学术原则和真理原则这四个原则①，其中实用原则强调的是该学科是否与国家的政治、经济、宗教等正当利益相适切；教养原则强调的是该学科是否将有利于学生人格陶冶；学术原则以知识体系是否有学术价值作为大学学科的准入的判断依据，以"闲逸的好奇"精神追求知识作为唯一目的，重视知识的探究与知识的发现，而不重视知识的现实利益；真理原则以是否符合一定时期关于真理知识的标准作为学科准入的判断依据，以追求真理为最高追求，并必然排除价值的影响。②

从世界各国大学学科准入模式来看，主要有国家主导模式、大

---

① 参见万力维《控制与分等：权力视角下的大学学科制度的理论研究》（学位论文），南京师范大学 2005 年。
② 参见［美］约翰·S. 布鲁贝克：《高等教育哲学》，王承绪、郑继伟等译，浙江教育出版社 2001 年版，第 13～15 页。

学—社会模式、教授—政府模式、教授—大学模式四种。我国大学学科准入的基本模式属于国家主导模式，即学科准入需要经过国家政府行政权力的审批与许可，各学科学位点的设置也需要经过政府的行政审批，即国家行政部门通过颁布学科、专业目录的形式规范学科的合法性。一门新学科要在大学合法生存，就必须要进入国家有关部门颁发的学科、专业目录，获得国家层面合法承认的"户口"，然后再根据大学自身的办学条件、学校特色与传统、社会需求等因素组成材料，向国家有关部门申报，经过一系列申报，得到政府相关部门的审批及获得设立该学科的准入通知后，一门学科才可以在大学内"落地生根"。这种大学学科准入模式基本是按照目录框定的范围来设置学科，按照国家相关部门的审批原则设置学位点的，可确保学科合法性处于政府掌控之中。但是几年一轮的学科、专业目录修订和学科点设置模式，对知识的发展变化反应明显迟钝，不利于及时进行学科专业结构调整，致使学科专业结构调整缺乏超前性，无法与产业结构的优化升级相适切，同时也不利于新学科的生长发展需要，进而降低了新兴学科产生与发展的概率。此外，由于各高校都是按照国家既定目录设置学科的，因而，容易导致各高校之间学科设置模式化、趋同化程度高。为此，需要进一步健全与完善学科准入机制，加强学科专业结构与产业结构的适切性，根据产业发展的需求，在高校已有的学科设置基础上，重视基础研究和应用性学科设置，设立一批适应地区主导产业和新兴产业发展需要的新学科，优化学科专业结构，促进人才培养类型的结构调整，进而推动产业结构优化调整。

在健全与完善学科准入机制的同时，也要注重完善学科的退出机制。学科的退出机制是高校依据自身发展需要，根据国家对学科、专业、学位点等的评估要求，从人才培养、师资队伍、科研水平、社会服务以及与经济产业发展需求是否相适应等方面，对学校学科进行监督与管理，以定期考核结果为依据，将那些未达到要求的学科（学位点）采取处理措施，实现学科的合理退出，进而保障学校学科资源的有效配置及实现学科专业结构的不断优化的制度。目前，我国一些高校中的学科专业是长期历史积淀形成的，与现实社会需求和产业发展之间存在着无法逾越的"代沟"。因此，需要通过调整学科，对现有的学科专业进行撤退、调整和重组，撤退与社会经济产业发展不相适应的学科，压缩过时的学科专业，加强特色学科，从而实现高校资源的合理配置。高校的资源是有限的，在不断产生新学科的同时，也会有一些学科正在消亡，尤其是当前我国正在推进"双一流"建设，各高校都在积极采取措施，发展"双一流"。一些大学为了提高自身在国际中的排名，不断裁撤一些学科，如中山大学、兰州大学等为了提高其学科排名，以及满足其建设高水平大学的需要，撤销其原有的教育学院，调整学科专业结构，优化学科布局，实现资源的有效配置。而 F 学院在建设高水平理工科大学的过程中，同样舍弃了一些拖后腿、缺乏后劲又与产业转型升级关联不大的学科，防止高校资源过度稀释，以便能集中资源强化自身理工科学科。正如卡斯帕尔·韦塞尔（Caspar Wessel）所言，"缺少某些特定学科或者不是一所综合性大学，没必要感到失落。普林斯顿大学曾在 20 世纪 60 年代承受了要建立法学院和商学院的压力并进行了顽强抵抗，但普林斯顿大学至今还是一所最好的大学"[①]。某种意义上，新学科的建设是一种学科发展方式，学科的退出、撤退等也是学科发展的一种方式，对一些薄弱或发展后劲不足的学科进行撤退、压缩或重组，能够进一步优化学科专业结构，同时通过将撤退后的剩余教育资源转向效率更高的学科或学科群，提高资源利用率、实现资源配置，促进高校特色学科与优势学科的发展。

因此，无论是学科的准入，或是学科的退出，就学科发展而言，都要综合考虑学校状况与国家、社会、经济、产业的发展需

---

① 吴文清等：《地方高校学科建设与区域经济转型适配性研究》，载《清华大学教育研究》2013 年第 1 期，第 107 页。

求，要根据学科发展的自身规律及社会需求进行学科专业结构调整和学科设置。一所学校的能力是有限的，不可能将每一个学科都建设得很好，因而，学校在发展学科和调整学科专业结构时，需要从学校发展的实际情况、国家需求及社会需求三个方面进行考虑，所建设的学科既要适应国家需求，又要依托国家需求，同时还要具有一定的超前意识进行学科布局；而当学科布局无法适应国家需求时，要果断调整和舍弃一些学科，促进学科的转型发展，实现学科发展与国家需求、社会需要、产业转型升级需要及学校自身发展的有机统一。

（三）构建多元化的学科评估体系

学科评估主要是对高校一级学科的科研、人才培养活动等整体水平进行的评估。它是高校学科发展的指挥棒，也是高等教育评估的重要内容之一，更是高校质量保障的组成部分。高校对学科进行系统有效的科学评估，不仅能够获得同未来学科发展相关的途径、研究方向与资源，为高校学科实现管理提供依据，而且能够推动高校实现提升科研、人才培养质量和效益等目的。因此，开展学科评估能够为高校了解自身学科发展的状况、调整学科布局与优化学科专业结构提供重要依据，对于推动高校学科建设具有重要意义。在我国，学科评估主要从主观和客观两个方面进行，主观方面包括学科声誉评估、高水平学术论文代表作和优秀学生打分三项指标；客观评估主要包括师资队伍与资源、科学研究水平以及人才培养质量三个指标。[①] 但是，随着产业发展的多样化，其需要多样化的学科专业结构与之相适应，而多样化的学科之间是有着不同的特性和显著差别的，无法用某一类学科评估的尺度来衡量与其不同的其他学科，因此，需要有多样化的学科评估体系来适应学科多样化的需

---

① 参见蒋林浩、沈文钦、陈洪捷等《学科评估的方法、指标体系及政策影响：美英中三国的比较研究》，载《高等教育研究》2014年第11期，第97～98页。

求。我国学科评估以政府为主导,评估指标体系过于单一,评估模式比较简单,评估的结果过于重视排名,无法满足多样化的学科发展需求,因而需要构建多元化的学科评估体系。

在学科评估指标体系上,既要考虑我国高校现有学科的发展水平,也要参照国际标准,不同学科应该有不同的评价指标体系,制定差异化的评价标准。在学科发展目标上,自然科学类学科应侧重探索意识和原创精神的发展目标;工程类学科应侧重实践应用及其产生的经济效益;等等。布鲁贝克曾用"在学问的圣殿里有许多厅堂"来形容大学学科的多样性,有的学科重视基础研究,有的学科重视应用,不同学科具有不同的发展方向和优化路径。因此,学科特点的多样性需要学科评估标准的科学性和合理性与之相适应。在尊重多样性的基础上,制定多样化的学科评估指标,不仅能体现学科特色,更能增强学科评估的科学性。在学科评价主体上,要改变以政府为主导的评价模式,培育和发展第三方评估,既要发展学术社团评估组织,即在学术团体"去行政化"后,在其内部成立专门的评估组织,利用其专业的资源开展评估活动;又要培育高校间的自治性评估组织,如美国的研究型大学联盟,就是按照其标准对其成员进行评估。最后,政府要发挥评估的杠杆作用,合理调整资源配置,以评估促进学科建设及学科专业结构调整,使学科评估能够真正适应现实社会的发展需要和变化。此外,还要根据产业转型升级对不同人才的需求,适当地对学科专业结构进行动态调整,构建一个与产业结构动态调整相适应的学科专业结构评估体系。

二、高校层面:创新学科组织形式,优化调整学科专业结构

(一) 创新学科组织形式

传统的学科组织总体上是单学科性质的,它是按照科学部类和学科建立的。以中世纪大学的产生为起点可以看出,学科组织经历

了"个人—学会—科学—大学"的发展历程。从20世纪60年代开始，科技发展呈现出科技整合的趋势，一些科技的突破往往发生在不同学科之间的交叉点上。科技发展对学科交叉的需求推动了高校学科组织形式的变革，即要求大学打破原有传统学科知识体系的僵化分割，从不同学科的知识背景出发，为新学科的产生发展及知识的应用提供交汇点。因此，为了适应科学技术的综合化趋势，世界各国都开始改革和调整其大学的学科组织形式与结构，大学内部的学科组织形式都随之发生了变化。例如，法国取消了原来的学院制，建立了具有跨学科性质的"教学与科研单位"，如应用数学与社会科学；英国对新成立的大学采用"学群结构制"；德国用"专业领域"取代学部；日本采用学群制，在学群下再设学类；美国则建立跨学科研究机构，如跨学科课程计划、跨学科研究中心、跨学科课题组等。

　　随着知识经济时代的到来，尤其是知识生产模式的改变，大学与产业之间的联系越发紧密，很多复杂问题需要不同学科知识之间的合作才得以解决。在此背景下，学科交叉融合成了学科发展的大趋势，也是产生创新性成果的重要途径。而我国大学的学科组织大多是以传统的学科分类进行划分的，追求单个学科专业化与精深化的学科分类无法满足解决社会复杂问题的需要，因而对高校的学科组织形式提出了挑战，要求其创新学科组织，建立以跨学科的研究主题和研究领域为主的交叉学科组织或者学科群。除了在大学层面建立大型的国家重点实验室等跨学科交叉组织外，也应该在大学层面建立特殊的交叉学科研究院，为不同学院的师生提供交流与合作的平台，还应该促进学院这一级学科组织的综合化，在学院中建立起多个学科的交叉组织，同时灵活建立各种形式的交叉学科研究中心等。[1] 这样，才能促进学科交叉融合发展，优化学科专业结构，

---

　　[1] 参见胥秋《学科融合视角下的大学组织变革》，载《高等教育研究》2010年第7期，第20－27页。

进而助推新兴产业的发展。

（二）遵循学科规律优化调整学科专业结构

从学科的发展动力来看，无论是陈燮君[①]等提出的学科发展内外部动力机制，还是冯向东[②]等人提出的学科发展的三种动力系统，以及周进[③]等提出的影响学科发展的四种力量，均说明了学科发展以及学科专业结构调整会受到内外部动力的影响。其中，外动力主要指社会经济产业发展需要、国家政府政策支持、高校内部相关制度等。具体到广东高水平理工科大学建设而言，其学科专业结构调整遵循的外部动力主要有政府政策支持、经济产业发展需要等，即依据省域产业发展战略，增加区域产业发展急需的新兴学科、减少社会需求较低的学科，以此实现高水平理工科大学学科专业结构的优化调整。就内部动力而言，主要是指高校学科自身的内在逻辑及自身发展规律。高校学科专业结构的优化调整在适切区域经济产业发展需求的基础上，应在遵循学科规律方面下功夫。一是学科专业结构调整不是简单的学科专业增设或删减，而要依据不同学科专业在人才培养、科学研究、社会服务等方面与社会产业需求的适切程度，以及高校自身学科专业的基础，进行学科专业评估与论证，科学地做出调整。二是学科专业结构优化调整涉及一些新学科或优势学科等的建设。不同学科有不同的成长阶段、发展阶段、建设阶段和发展规律。有的学科建设周期短，其建设效应短期内就可以显现；而有的学科建设周期长，可能需要几年、甚至十几年才能看到明显的成效。因此，高水平理工科大学在进行学科专业结构调整时，既要发展一些能够适应新兴产业发展需要的新兴学科，也

[①] 陈燮君：《对于当代新学科发展的理论思考》，载《南京社会科学》1990年第4期，第48～50页。

[②] 冯向东：《张力下的动态平衡：大学中的学科发展机制》，载《现代大学教育》2002年第2期，第68页。

[③] 周进：《重点理工大学的转型》，华中科技大学出版社2002年版，第145～154页。

要发展一些在以后能够引领未来产业发展需要的学科。三是进行学科专业结构调整时，要鼓励多样化的学科发展与建设模式。就世界一流学科的成长与发展模式来看，有的是跨越式发展，有的是循序渐进式发展，还有的是厚积薄发式发展，没有一个可以完全涵盖且适用于所有学科的发展模式。因此，高水平理工科大学在进行学科专业结构调整时，应该鼓励和支持不同高校、不同学科依据自身的办学优势，选择最符合自身学科发展的模式去进行学科建设。在遵循高校学科发展规律的基础上，引导学科发展与学科专业结构调整以社会需求、产业需求为导向，适切区域产业结构优化升级的需要。

三、学科层面：凝练学科发展方向，形成专业—学科—学科群体系

（一）朝着注重学科综合化与新兴交叉学科的方向发展

学科发展，就是以学科交叉、渗透、融合为核心的学科专业结构重构、新兴边缘学科的生长，以及以学科为支撑的人才培养质量的提高过程。学科作为高校的基本组织，在高校的可持续发展中发挥着关键的作用。随着社会的进步、高校的发展、学科专业结构的不断调整，一些学科在消亡，而一些新学科也在产生。整个现代学科就是沿着"综合—分化—再综合"的轨迹向前发展的。[①] 高校学科发展基本上遵循了四个基本趋势：一是学科专业结构由单一学科向多学科方向发展；二是政府通过合并高校，调整、重组学科资源，激发高校的办学活力和提高高校的学术水平与规模效益，促进高校由原来的专门院校向综合院校转变；三是学科间的交叉、渗透、融合形成学科发展的动力；四是高校根据发展的目标和校情的

---

① 参见赵文平、徐国华、吴敏《学科发展规律与学科建设问题的研究》，载《学位与研究生教育》2004年第5期，第23～24页。

不同，在学科组织结构方面进行创新，形成各具特色的学科组织结构。[①] 因此，为了适应社会发展需要，高校需要依据学科发展的不同趋势，从学科链、学科共生和学科网络的相互联系等方面进行考虑，并依据自身的现有条件对学科专业结构进行优化调整，要有所侧重、非均衡发展地建设优势学科、重点学科，培育学科的核心竞争力，同时也要重视学科的交叉、融合。在遵循学科发展规律的基础上，组建交叉、创新、综合化的研究中心，注重学科之间的相互融合和知识渗透，从而促进学科间的交叉融合发展。

在高水平理工科大学建设中，创新平台建设、学科群建设等都体现了学科发展的交叉、融合趋势。因此，高水平理工科大学应该顺应学科发展的综合化趋势，面向产业需要，主动优化调整学科专业结构。一方面，积极主动地促进交叉学科的培育与发展。通过优化学科专业结构与布局，加大各类学科建设的资源调整整合力度，统筹整合学科力量，构建重点突出、特色鲜明、综合化程度高的学科平台与学科群，促进学科的交叉与融合发展，适应产业发展对综合型人才的需求。另一方面，优先发展新兴学科。通过政府的资金投入、政策倾斜等宏观调控手段，确保高校中新兴学科的地位，以便能够发挥新兴学科在引领、推动新兴产业发展方面的作用，进而实现产业结构的优化升级。此外，在广东高水平理工科大学建设的进程中，不仅要发挥优势学科的辐射作用，即通过优势学科建设，辐射与其相关的其他学科建设，提升学校学科的整体水平；还要处理好优势学科、特色学科与其他普通学科、传统学科与新兴学科、基础学科与应用学科、单一学科与交叉学科等之间的关系，在优化调整学科专业结构的同时，促进学科之间的和谐发展。

[①] 参见伍复康《高等学校学科发展研究——以江西师范大学为例》（学位论文），浙江大学 2005 年。

（二）形成适切产业发展需要的专业—学科—学科群体系

高校学科专业能够为产业链中企业的生产与创新提供相应的智力、知识和技术等支持，而产业也可以为学科专业的发展提供相应的资金等，二者之间存在着互动与双赢的关系。[①] 因此，可以说区域高等教育的学科、专业发展与产业发展相结合是实现高校学科专业结构与产业结构适切发展的一个重要途径。一般而言，针对区域内相关产业集聚的发展需要，区域内不同层次、不同类型的高校可依据自身相关学科专业的发展情况，形成多层次的专业—学科—学科群形式，来适应区域内相关产业的发展需要。

就广东省而言，第一层次是学科与学科群建设层，主要包括华南理工大学等，其建设的优势学科除了适应广东区域产业的发展需要外，还可以冲向国际一流学科。这一层次的高校有着良好的理工类学科基础，学科交叉融合机制相对较好，又有研究生院，能够进行本科、硕士、博士等多层次人才培养。其主要目标除了满足区域产业发展需要外，还要满足国家重大战略需求，建设国内一流大学、一流学科以及国际高水平大学。第二层次为专业—学科建设层，主要包括东莞理工学院、佛山科学技术学院等定位为应用型高水平理工科大学的高校。其整体实力与第一层次高校相比会有一定的差距，主要发展目标是服务区域产业发展需要，以及在全国同类高校中处于高水平。除了发展一些区域产业发展需要的学科专业之外，还应发展具有高校自身特色的学科，其人才培养、科学研究等主要是为了服务区域产业发展、引领产业发展需要。因此，该层次的高校主要是通过专业—学科建设来推动高校学科发展的。

---

① 参见胡赤弟《论区域高等教育中学科—专业—产业链的构建》，载《教育研究》2009年第6期，第83～84页。

在此基础上，依据不同层次的理工科大学的发展目标与定位不同，不同高校在建设产业需求的优势理工类学科群时，也要进行合理的定位，避免学科专业的趋同倾向，做到同一高校不同学科之间的非均衡发展，高校与高校之间相同学科的差异化、特色化发展。除了高校内部不同学科群之间的合理定位之外，不同高水平理工科大学之间的优势学科群也要有明确的定位，最终形成不同层次、不同类型的多维、立体的专业—学科—学科群体系，以适应广东区域经济、产业转型升级的需要。

附录

附录一

广东省普通高校本科生分学科学生数

单位：人

年份	人文类	理工类	经管类	教育类	医学类	农学类
2006年	16329	27876	15255	3064	5710	2060
2007年	21423	31962	23494	3876	6317	2304
2008年	28710	43270	29244	5341	9812	2590
2009年	32570	45997	36591	5111	11732	2461
2010年	36926	51121	45483	4599	12271	2493
2011年	38720	53230	49697	5287	12907	2414
2012年	43520	60182	55966	6337	12922	2406
2013年	47201	66590	63879	6338	13752	2731
2014年	48276	72748	67581	6002	13907	2908
2015年	52420	74694	73878	6424	13832	2897

（资料来源：根据《广东统计年鉴》以及卢晓中等主编的2014—2016年《广东省教育事业发展统计分析》中相关数据资料整理而成。）

附录二

1978—2016 年广东地区生产总值及三次产业产值比重

单位：亿元

年份	地区生产总值	第一产业	第二产业	第三产业	第一产业产值比重/%	第二产业产值比重/%	第三产业产值比重/%
1978	185.85	55.31	86.62	43.92	29.80	46.60	23.6
1979	209.34	66.62	91.65	51.06	31.80	43.80	24.4
1980	249.65	82.97	102.53	64.14	33.20	41.10	25.7
1981	290.36	94.30	120.34	75.71	32.50	41.40	26.1
1982	339.92	118.17	135.37	86.39	34.80	39.80	25.4
1983	368.75	121.24	152.27	95.24	32.90	41.30	25.8
1984	458.74	145.25	187.55	125.93	31.70	40.90	27.5
1985	577.38	171.87	229.82	175.69	29.80	39.80	30.4
1986	667.53	188.37	255.88	223.28	28.20	38.30	33.4
1987	846.69	232.14	330.35	284.20	27.40	39.00	33.6
1988	1155.37	306.50	460.17	388.70	26.50	39.80	33.6
1989	1381.39	351.73	554.13	475.53	25.50	40.10	33.4
1990	1559.03	384.59	615.86	558.58	24.70	39.50	35.8
1991	1893.30	416.00	782.67	694.63	22.00	41.30	36.7
1992	2447.54	465.83	1100.32	881.39	19.00	45.00	36
1993	3469.28	558.70	1704.88	1205.70	16.10	49.10	34.8
1994	4619.02	692.25	2253.25	1673.52	15.00	48.80	36.2
1995	5933.05	864.49	2900.22	2168.34	14.60	48.90	36.5
1996	6834.97	935.24	3307.51	2592.22	13.70	48.40	37.9
1997	7774.53	978.32	3704.39	3091.81	12.60	47.60	39.8
1998	8530.88	994.55	4067.12	3469.21	11.70	47.70	40.7
1999	9250.68	1009.01	4359.00	3882.66	10.90	47.10	42

续上表

年份	地区生产总值	第一产业	第二产业	第三产业	第一产业产值比重/%	第二产业产值比重/%	第三产业产值比重/%
2000	10741.25	986.32	4999.51	4755.42	9.20	46.50	44.3
2001	12039.25	988.84	5506.06	5544.35	8.20	45.70	46.1
2002	13502.42	1015.08	6143.40	6343.94	7.50	45.50	47
2003	15844.64	1072.91	7592.78	7178.94	6.80	47.90	45.3
2004	18864.62	1219.84	9280.73	8364.05	6.50	49.20	44.3
2005	22557.37	1428.27	11356.60	9772.50	6.30	50.30	43.3
2006	26587.76	1532.17	13469.77	11585.82	5.80	50.70	43.6
2007	31777.01	1695.57	16004.61	14076.83	5.30	50.40	44.3
2008	36796.71	1973.05	18502.20	16321.46	5.40	50.30	44.4
2009	39482.56	2010.27	19419.70	18052.59	5.10	49.20	45.7
2010	46013.06	2286.98	23014.53	20711.55	5.00	50.00	45
2011	53210.28	2665.20	26447.38	24097.70	5.00	49.70	45.3
2012	57067.92	2847.26	27700.97	26519.69	5.00	48.50	46.5
2013	62474.79	2977.13	28994.22	30503.44	4.80	46.40	48.8
2014	67809.85	3166.82	31419.75	33223.28	4.70	46.30	49
2015	72812.55	3344.82	32511.49	36956.24	4.60	44.70	50.8
2016	79512.05	3693.58	34372.46	41446.01	4.70	43.20	52.1

（资料来源：根据广东统计信息网上的数据整理而成。）

附录三

印度理工学院学科结构情况

学校名称	分校组成	创办时间	学科结构情况
印度理工学院	德里理工学院	1961年	学科情况：应用工程、生物工程与生物技术、机械工程、化学工程、土木工程、物理、计算机科学与工程、纺织技术、管理工程
	坎普尔理工学院	1959年	学科情况：物理、化学、数学、人类学等基础学科；航空工程、化学工程、计算机科学与工程、生物科学与工程、工业与管理工程、材料与冶金工程、机械工程等应用学科
	卡哈拉格普尔理工学院	1951年	优势领域学科：航空工程、化学工程、化学、土木工程、地球科学、计算科学与工程、电子工程、机械工程、人类与社会科学、数学、工业设计中心、冶金与材料工程和物理学
	马德拉斯理工学院	1919年（2012年重建）	理学学科：化学、数学、物理； 工学学科：化学工程、土木工程、计算机科学与工程、机械工程、制药工程、电子电气工程、冶金工程、采矿工程、陶瓷工程、海洋工程等； 交叉学科：生物化学工程、生物医学工程、材料科学与技术、人文与社会科学

续上表

学校名称	分校组成	创办时间	学科结构情况
印度理工学院	孟买理工学院	1958年	优势学科：化学与化学工程、机械工程、生物科学与工程、计算机科学与工程、材料与冶金工程、航空工程、地球科学、能源科学与工程、人力资源与社会科学等
	瓜哈提理工学院	—	优势学科：化学、物理、数学等理学类学科；生物技术、土木工程、计算机科学与工程、机械工程、电子通信工程等工学学科
	罗克理工学院	—	基础学科领域：化学、物理学、地球科学、人类学等； 工学学科领域：化学工程、土木工程、地震、电力、机械与工业、冶金、造纸、计算机科学与工程等； 应用研究领域：水文地理学、管理和水资源

（资料来源：根据各学校网页信息整理而成。）

附录四

日本筑波大学学科结构情况

学群	学类	学类、专业
人文·文化学群	人文学类	哲学、史学、考古学、语言学、民俗学
	比较文化类	文学、地域、思想
	日本语·日化类	日本语、日化学
社会·国际学群	社会学类	社会学、法学、政治学、经济学
	国际综合类	国际关系、国际开发学
人类学群	教育学类	教育学
	心理学类	心理学
	障碍科学类	障碍科学、社会福利学等
生命环境学群	生物学类	应用生物学、人类生物学、分析细胞学
	生物资源学类	生物资源科学、生物资源学、农学
	地球学类	地球环境学、地球进化学
理工学群	数学类	代数学、几何学、解析学、信息数学
	物理学类	物理学
	化学类	无机化学、无机物理化学、生物无机化学、超分子化学等
	应用理工学类	应用物理、电子·量子工学、物性工学、物质·分子工学
	工学系统学类	智能工学系统、机能工学系统、环境开发工学、能源工学
	社会工学	社会经济系统、经营工学、城市规划
信息学群	信息科学类	软件科学、信息系统、智能信息媒体
	信息媒体开发学类	信息媒体科学
	知识信息·图书馆学类	知识科学、知识信息系统、图书馆信息学

续上表

学群	学类	学类、专业
医学群	医学类	医学、新医学
	护理学类	护理学
	医疗科学	医疗科学
体育专门学群	健康·运动教育、健康·运动管理等	
艺术专门学群	艺术学、美术、设计等	

（资料来源：根据筑波大学官网以及百度百科信息整理而成。）

参考文献

（一）著作类

[1] 埃米尔·涂尔干. 社会分工论［M］. 渠东, 译. 北京: 生活·读书·新知三联书店, 2000.

[2] 艾德加·胡佛, 佛兰克·杰莱塔尼. 区域经济学导论［M］. 郭万清, 等, 译. 上海: 远东出版社, 1992.

[3] 安双宏. 印度高等教育问题与动态［M］. 哈尔滨: 黑龙江教育出版社, 2001.

[4] 北京师范大学外国问题研究所, 外国教育研究室. 麻省理工学院: 理工科课程介绍［M］. 北京: 北京师范大学出版社, 1977.

[5] 伯顿·克拉克. 高等教育系统: 学术组织的跨国研究［M］. 王承绪, 等, 译. 杭州: 杭州大学出版社, 1994.

[6] 伯顿·克拉克. 高等教育新论［M］. 王承绪, 等, 译, 杭州: 浙江教育出版社, 2001.

[7] 查尔斯·维斯特. 麻省理工学院如何追求卓越［M］. 蓝劲松, 译. 北京: 北京大学出版社, 2013.

[8] 查尔斯·维斯特. 一流大学 卓越校长: 麻省理工学院与研究型大学的作用［M］. 蓝劲松, 译. 北京: 北京大学出版社, 2008.

[9] 陈伟. 广东高等教育发展研究［M］. 广州: 暨南大学出版社, 2008.

[10] 陈燮君. 学科学导论［M］. 上海: 上海三联书店, 1991.

[11] 迟恩莲, 曲恒昌. 中外教育改革的指导思想与对策［M］. 北

京：北京师范大学出版社，1996.

[12] 德里克·博克. 走出象牙塔 [M]. 王承绪，等，译. 杭州：浙江教育出版社，2001.

[13] 弗兰斯·范富格特. 国际高等教育政策比较研究 [M]. 王承绪，等，译. 杭州：浙江教育出版社，2001.

[14] 郜承远，刘玲. 麻省理工学院 [M]. 长沙：湖南教育出版社，1992.

[15] 龚育之，逢先知，石仲泉. 毛泽东的读书生活 [M]. 北京：生活·读书·新知三联出版社，1986.

[16] 郝克明，汪永铨. 中国高等教育结构研究 [M]. 北京：人民教育出版社，1987.

[17] 胡建华. 高等教育新论 [M]. 南京：江苏教育出版社，1995.

[18] 华勒斯坦. 学科·知识·权力 [M]. 刘健子，等，译. 北京：生活·读书·新知三联书店，1999.

[19] 华勒斯坦. 知识的不确定性 [M]. 王贵，译. 济南：山东大学出版社，2006.

[20] 黄福涛. 外国教育史 [M]. 上海：上海教育出版社，2008.

[21] 孔寒冰. 高等学校学术结构重建的动因 [A] //胡建雄编. 学科组织创新. 杭州：浙江大学出版社，2001.

[22] 李修宏，周鹤鸣. 广东高等教育 [M]. 广州：广东高等教育出版社，1988.

[23] 刘仲琳. 现代交叉学科 [M]. 杭州：浙江教育出版社，1998.

[24] 卢晓中，等. 2015 年广东省教育事业发展统计分析 [M]. 广州：华南理工大学出版社，2016.

[25] 卢晓中. 高等教育概论 [M]. 北京：高等教育出版社，2009：12 – 17.

[26] 卢晓中. 2016 年广东省教育事业发展统计分析 [M]. 广州：华南理工大学出版社，2017.

[27] 卢晓中. 现代高等教育发展论纲 [M]. 广州：广东教育出版

社，2005.

[28] 马尔科姆·沃特斯. 现代社会学理论 [M]. 杨善华，等，译. 北京：华夏出版社，2000.

[29] 欧内斯特·博耶. 关于美国教育改革的演讲 [M]. 涂艳国，方彤，译. 北京：教育科学出版社，2002.

[30] 欧内斯特·博耶. 美国的大学：现状、经验、问题和对策 [M]. 复旦大学高等教育研究所，译. 上海：复旦大学出版社，1998.

[31] 帕森斯. 社会行动的结构 [M]. 张明德，译. 南京：译林出版社，2003.

[32] 潘懋元. 多学科观点的高等教育研究 [M]. 上海：上海教育出版社，2001.

[33] 潘懋元. 高等教育学讲座 [M]. 北京：人民教育出版社，1993.

[34] 潘懋元. 新编高等教育学 [M]. 北京：北京师范大学出版社，1996.

[35] 庞青山. 大学学科论 [M]. 广州：广东教育出版社，2006.

[36] 庞树奇，范明林. 普通社会学理论 [M]. 上海：上海大学出版社，2000.

[37] 侨纳森·特纳. 社会学理论的结构 [M]. 邱泽奇，等，译. 北京：华夏出版社，2001.

[38] 秦国柱. 中心城市与大学发展 [M]. 北京：中国社会科学出版社，2006.

[39] 萨米. 世界一流大学：挑战的途径 [M]. 孙截，译. 上海：上海交通大学出版社，2009.

[40] 史蒂文·瓦戈. 社会变迁 [M]. 王晓黎，等，译. 北京：北京大学出版社，2007.

[41] 世界银行，联合国教科文组织"高等教育与社会特别工作组". 发展中国家的高等教育：危机与出路 [M]. 北京：教

育科学出版社，2001.

［42］天野郁夫. 高等教育的日本模式［M］. 陈武元，译. 北京：教育科学出版社，2006.

［43］王莹. 新中国高等院校体育学科本科专业结构论［M］. 北京：北京体育大学出版社，2011.

［44］夏征农. 辞海［M］. 上海：上海辞书出版社，1999.

［45］谢维和，等. 中国高等教育大众化进程中的结构分析［M］. 北京：教育科学出版社，2007.

［46］薛天祥. 高等教育学［M］. 桂林：广西师范大学出版社，2001.

［47］雅罗斯拉夫·帕利坎. 大学理念重审：与纽曼对话［M］. 杨德广，译. 北京：北京大学出版社，2008.

［48］颜泽贤. 复杂系统演化论［M］. 北京：人民教育出版社，1993.

［49］原毅军，董琨. 产业结构的变动与优化：理论解释和定量分析［M］. 大连：大连理工大学出版社，2008.

［50］约翰·布鲁贝克. 高等教育哲学［M］. 王承绪，等，译. 杭州：浙江教育出版社，2002.

［51］张耀荣. 广东高等教育发展史［M］. 广州：广东高等教育出版社，2002.

［52］张振助. 高等教育与区域互动发展论［M］. 桂林：广西师范大学出版社，2004.

［53］赵丽萍. 高水平大学建设的国家战略与模式选择［M］. 天津：南开大学出版社，2008.

［54］赵文华. 高等教育论［M］. 桂林：广西师范大学出版社，2001.

［55］中共中央马克思恩格斯列宁斯大林著作编译局. 马克思恩格斯选集：第2卷［M］. 北京：人民出版社，1972.

［56］周进. 重点理工大学的转型［M］. 武汉：华中科技大学出版社，2002.

[57] 周少南. 斯坦福大学 [M]. 长沙：湖南教育出版社，1991.

(二) 学位论文类

[1] 常亮. 天津大学学科结构优化研究 [D]. 天津：天津大学，2009.

[2] 董莉. 陕西省产业结构与学科建设的协调性研究 [D]. 西安：西北大学，2010.

[3] 丰晓芳. 内蒙古自治区研究生教育学科结构与学科水平研究 [D]. 呼和浩特：内蒙古农业大学，2008.

[4] 高茜. 我国高等教育学科结构的优化研究 [D]. 武汉：武汉理工大学，2007.

[5] 胡冠中. 区域经济与高等教育协调发展研究 [D]. 天津：天津大学，2015.

[6] 黄碧泉. 印度理工学院管理特色研究 [D]. 长沙：中南大学，2007.

[7] 李泽宇. 我国基础教育课程改革的适切性研究 [D]. 东北师范大学，2010.

[8] 练晓荣. 经济结构与高等教育结构的协同发展研究：以福建省为例 [D]. 福州：福建师范大学，2009.

[9] 林蕙青. 高等学校学科专业结构调整研究 [D]. 厦门：厦门大学，2006.

[10] 刘六生. 省域高等教育结构调整研究：以云南省为例 [D]. 大连：辽宁师范大学，2011.

[11] 罗丹. 规模扩张以来高校专业结构变化研究 [D]. 厦门：厦门大学，2008.

[12] 马其君. 课堂管理行为策略在农村小学新课程实施中的适切性研究 [D]. 成都：四川师范大学，2007.

[13] 沈娜. 我国高校自主招生政策的价值分析 [D]. 北京：首都师范大学，2012.

[14] 宋旭峰. 建国以来江苏高等教育结构发展分析 [D]. 南京：南京师范大学, 2005.

[15] 孙丽莎. 中美一流大学学科结构比较研究：以哈佛大学、北京大学为例 [D]. 长沙：中南大学, 2012.

[16] 万力维. 控制与分等：权力视角下的大学学科制度的理论研究 [D]. 南京：南京师范大学, 2005.

[17] 伍复康. 高等学校学科发展研究：以江西师范大学为例 [D]. 杭州：浙江大学, 2005.

[18] 武丽莉. 高校科技创新平台推动地方经济发展的作用分析 [D]. 太原：太原科技大学, 2014.

[19] 闫亚林. 高等教育层次和科类结构研究 [D]. 上海：华东师范大学, 2005.

[20] 阳荣威. 高等学校专业设置与调控研究 [D]. 上海：华东师范大学, 2006.

[21] 杨亮. 基于教育系统工程理论的高等教育学科专业结构优化研究 [D]. 天津：天津大学, 2011.

[22] 张铁道. 亚洲发展中国家普及教育中的课程问题研究 [D]. 兰州：西北师范大学, 1997.

[23] 张文耀. 西部高等教育与区域经济协调发展研究 [D]. 西安：西北大学, 2013.

[24] 张晓韧. 湖南省本科专业学科结构诊断及调控策略研究 [D]. 长沙：中南大学, 2009.

[25] 朱立新. 结构功能理论视野下全民健身体系研究 [D]. 北京：北京体育大学, 2012.

[26] 朱迎春. 区域"高等教育—经济"系统协调发展研究 [D]. 天津：天津大学, 2009.

(三) 学术期刊类

[1] 包丽颖, 安钰峰. 高等教育专业结构的现状与调整方向 [J].

中国高教研究，2009（10）：68.

[2] 别敦荣，李晓婷. 麻省理工学院的发展历程、教育理念及其启示［J］. 高等理科教育，2011（2）：53-55.

[3] 查啸虎. 优化高等教育结构服务和引领省域经济社会发展［J］. 安徽师范大学学报（人文社会科学版），2010（3）：252-254.

[4] 陈德棉，刘云. 学科分类与学科之间的相关性［J］. 科学管理研究，1998（4）：49-54.

[5] 陈士俊，王梅，李军. 论我国高校学科结构的协调发展［J］. 科学管理研究，2004（6）：89-93.

[6] 陈燮君. 对于当代新学科发展的理论思考［J］. 南京社会科学，1990（4）：48-50.

[7] 陈燮君. 论学科结构的新的时代特征［J］. 求索，1990（5）：62-68.

[8] 陈燮君. 论学科结构的演进规律［J］. 上海社会科学院学术季刊，1991（1）：5-12.

[9] 陈新忠，董泽芳. 高等教育规律"三分法"探析［J］. 江苏高教，2008（2）：20.

[10] 陈羽. 印度产业升级的路径依赖和路径创新：基于新制度经济学视角的探讨［J］. 南亚研究，2013（4）：24-25.

[11] 成洪波. 高水平理工科大学：背景需求、功能定位与建设路径：基于东莞理工学院的实践探索［J］. 高等工程教育，2016（5）：97-103.

[12] 崔永涛. 我国高等教育学科结构优化调整研究：基于产业结构调整的视角［J］. 教育发展研究，2015（17）：8-14.

[13] 范士陈，宋涛. 社会变迁与区域开发互馈演进理论解析［J］. 经济师，2008（6）：36.

[14] 冯向东. 张力下的动态平衡：大学中的学科发展机制［J］. 现代大学教育，2002（2）：68.

[15] 龚成威. 改革开放以来广东经济发展及其阶段划分 [J]. 现代乡镇, 2009 (5): 32-34.

[16] 郭秋梅, 吴渝. 高校学科团队建设的几个基本问题探讨 [J]. 西安建筑科技大学学报（社会科学版）, 2013 (12): 90.

[17] 洪晓军. 创新平台的概念甄别与构建策略 [J]. 科技进步与对策, 2008 (25): 7-9.

[18] 胡赤弟. 论区域高等教育中学科—专业—产业链的构建 [J]. 教育研究, 2009 (6): 87-88.

[19] 胡德鑫, 王漫. 高等教育学科结构与产业结构的协调性研究 [J]. 高教探索, 2016 (8): 42-49.

[20] 胡义伟, 伍海云. 筑波大学学群制度解读及其启示 [J]. 现代教育科学, 2010 (2): 84.

[21] 黄陵东. 西方经典社会变迁理论及其本土启示 [J]. 东南学术, 2003 (6): 74.

[22] 蒋慧峰. 学科结构与产业结构的协调性评价与预测 [J]. 现代教育管理, 2015 (1): 100-103.

[23] 蒋林浩, 沈文钦, 陈洪捷, 等. 学科评估的方法、指标体系及政策影响：美英中三国的比较研究 [J]. 高等教育研究, 2014 (11): 97-98.

[24] 解垩. 适应经济发展的高校学科结构优化模型 [J]. 统计与信息论坛, 2005 (6): 63-67.

[25] 康宏. 高等教育结构优化国外的实践与启示 [J]. 广东工业大学学报（社会科学版）, 2002 (12): 18-20.

[26] 雷云. 供给侧改革视域下区域高等教育学科结构与产业结构的适切性研究 [J]. 黑龙江高教研究, 2017 (3): 68-71.

[27] 李宝银, 汤凤莲, 郑细鸣. 产业学院的功能设计与运行模式 [J]. 教育评论, 2015 (11): 3-7.

[28] 李国仓. 高等教育学科结构与经济发展的适应性研究 [J]. 扬州大学学报（高教研究版）, 2012 (4): 10-13.

[29] 李立国,詹宏毅. 我国博士研究生教育的学科结构变化分析 [J]. 复旦教育论坛,2008(6):28-32.

[30] 李立国,詹宏毅. 我国硕士研究生教育的学科结构变化分析 [J]. 学位与研究生教育,2010(3):20-24.

[31] 李立国,詹宏毅. 中美博士研究生教育的学科结构比较分析 [J]. 中国高教研究,2008(8):29-39.

[32] 李培凤. 地方综合大学学科结构调整研究[J]. 教育理论与实践,2010(2):55-58.

[33] 李小丽. 我国高等职业教育政策的价值取向及其执行效度分析[J]. 职教论坛,2012(16):17.

[34] 李英,赵文报. 高校学科专业结构与产业结构的适应性研究[J]. 科技管理研究,2007(9):149.

[35] 李战国. 美国高校学科结构调整支撑新兴产业发展的方式[J]. 中国高等教育,2013(12):62-63.

[36] 李战国,王斌锐. 美国高校工学学科结构变动的特点及成因分析[J]. 中国高教研究,2013(5):50-56.

[37] 李战国,谢仁业. 美国高校学科专业结构与产业结构的互动关系研究[J]. 中国高教研究,2011(7):46-49.

[38] 林杰,朴雪涛. 基于特色化发展的高校优势学科群建设研究:以辽宁省高校为例[J]. 中国高教研究,2011(7):59-62.

[39] 刘畅. 基于产业发展的高校学科结构优化设计[J]. 中国高教研究,2011(8):46-49.

[40] 刘晖,李晶. 省域高水平大学建设政策:历史演进与价值选择[J]. 高等教育研究,2017(3):34.

[41] 卢晓中. 高等教育走向"社会中心"与人才培养模式变革[J]. 教育发展研究,2011(19):30.

[42] 卢晓中. 社会变革视野下高等教育发展理论创新[J]. 高等教育研究,2011(10):21.

[43] 路甬祥. 世界科技发展的新趋势及其影响[J]. 中国科技奖

励，2005（3）：88-93.

[44] 骆小春，殷晶晶，胡永红. 高等学校学科群建设路径分析[J]. 教育探索，2009（11）：17-18.

[45] 马陆亭. 一流学科建设的逻辑思考[J]. 高等工程教育，2017（1）：62-63.

[46] 马卫华，许治. 我国高校产学研合作现状与特点[J]. 科技管理研究，2010（23）：109.

[47] 欧阳国桢，李翔宇. 学科交叉重点实验室实证研究：以华南理工大学为例[J]. 科技管理研究，2015（2）：69-72.

[48] 潘懋元. 教育外部关系规律辨析[J]. 厦门大学学报（哲学社会科学版），1990（2）：4-5.

[49] 潘懋元，肖海涛. 中国高等教育大众化结构与体系变革[J]. 高等教育研究，2008（5）：26-31.

[50] 钱佩忠. 高校学科群建构机理与路径[J]. 学位与研究生教育，2012（5）：71-74.

[51] 清水一彦. 本筑波大学人事制度改革的现状与问题[J]. 姜英敏，译. 比较教育研究，2006（10）：52-56.

[52] 邱家洪. 重庆高等教育结构的优化与质量保障[J]. 教育评论，2009（5）：113-116.

[53] 邵庆祥. 具有中国特色的产业学院办学模式理论及实践研究[J]. 职业技术教育，2009（4）：27.

[54] 邵云飞，杨晓波，邓龙江. 高校协同创新平台的构建研究[J]. 电子科技大学学报（社会科学版），2012（8）：9-84.

[55] 申培轩. 论高等教育发展的适切性[J]. 武汉大学学报（哲学社会科学版），2005，58（4）：565-569.

[56] 宋东霞，黄海军. 我国研究生教育学科结构变化的特点和原因分析[J]. 中国高教研究，2012（6）：36-40.

[57] 宋涛. 调整产业结构的理论研究[J]. 当代经济研究，2002（11）：11-16.

[58] 眭依凡. 对国家负责：大学必须牢记的使命 [J]. 高等教育研究, 2006 (4)：2.

[59] 眭依凡. 理性地捍卫大学：高等教育理论的责任 [J]. 清华大学教育研究, 2010 (1)：19.

[60] 孙绵涛. 学科论 [J]. 教育研究, 2004 (6)：49-51.

[61] 田旻, 曹兆敏. 麻省理工学院技术转移成功因素分析 [J]. 科学学与科学技术管理, 2006 (10)：25.

[62] 汪霞. 高水平大学建设的外部体制机制分析 [J]. 中国高教研究, 2014 (11)：8-10.

[63] 王恩华. 俄罗斯现行高等教育结构研究 [J]. 现代教育科学, 2003 (4)：77-78.

[64] 王英杰. 大学校长与大学办学方向：麻省理工学院的经验 [J]. 比较教育研究, 1994 (3)：1.

[65] 温晓慧, 丁三青. 论我国高校学科结构调整和优化 [J]. 湖北社会科学, 2012 (11)：187-188.

[66] 文雯, 谢维和. 中国高等教育大众化初期学科结构变化的主要特点与实证分析 [J]. 中国高教研究, 2007 (3)：52-56.

[67] 翁秋怡. 我国高校科研、教学和社会服务效率趋势研究 [J]. 当代教育科学, 2017 (10)：82.

[68] 吴文清, 等. 地方高校学科建设与区域经济转型适配性研究 [J]. 清华大学教育研究, 2013 (1)：107.

[69] 吴雯雯, 曾国华. 高等教育学科结构与产业结构适配问题：以江西省为例 [J]. 教育学术月刊, 2015 (5)：37-45.

[70] 肖文韬. 产业结构协调理论综述 [J]. 武汉理工大学学报, 2003 (6).

[71] 肖毅. 社会变迁理论下的霍姆斯问题法探析 [J]. 外国教育研究, 2009 (1)：30.

[72] 胥秋. 学科融合视角下的大学组织变革 [J]. 高等教育研究, 2010 (7)：20-27.

[73] 徐风. 印度理工学院：亚洲大学的典范［J］. 东南亚南亚信息，2000（4）：17.

[74] 徐高明. 省域高水平大学建设的体制机制创新与存在的问题［J］. 高等教育研究，2017（3）：4.

[75] 徐永健，韦玮. 以强化服务功能为导向的地方高校本科学科专业结构优化研究［J］. 高等理科教育，2010（2）：47-52.

[76] 徐智德. 我国高校学科结构模式刍议［J］. 辽宁高等教育研究，1995（3）：43-45.

[77] 许长青. 基于区域产业结构调整的广东高校专业设置优化研究［J］. 现代教育科学，2014（2）：154-156.

[78] 杨林，陈书全，韩科技. 新常态下高等教育学科专业结构与产业结构优化的协调性分析［J］. 教育发展研究，2015（21）：45-51.

[79] 杨木容. 面向科技创新的高校图书馆专利信息服务平台建设［J］. 图书馆理论与实践，2010（1）：82-84.

[80] 杨燕，李海宗. 论高职专业设置预警机制的理论基础［J］. 成人教育，2012（12）：48-49.

[81] 杨一心，刘标，钟错. 江苏省高等教育结构及其优化研究［J］. 苏州大学学报（哲社版），2007（11）：114-119.

[82] 易红郡. 19世纪科学主义与英国高等科技教育的发展［J］. 现代大学教育，2009（5）：35-36.

[83] 于刃刚. 配第-克拉克定理评述［J］. 经济学动态，1996（8）：63-65.

[84] 张宝友，黄祖庆. 论高校社会服务评价指标体系［J］. 黑龙江高教研究，2009（8）：43.

[85] 张放平. 以社会需求为导向加大专业结构调整力度［J］. 中国高等教育，2008（17）：20-22.

[86] 张立彬. "区域特色、全国一流"：地方高水平大学办学目标定位及其路径选择［J］. 中国高教研究，2013（5）：69.

[87] 张微. 高校专业设置与适应区域经济发展问题研究 [J]. 经济研究导刊, 2008 (6): 184.

[88] 张文修, 王琳. 高等学校学科结构调整的目标与方法 [J]. 西安交通大学学报 (社会科学版), 2000 (1): 56-57.

[89] 张胤, 温媛媛. 行政推动、学术内生与市场引领: 一流大学学科建设理论模型及其现实模式研究 [J]. 高教探索, 2016 (7): 59-60.

[90] 张振助. 高等教育与区域互动发展研究: 中国的实证分析及策略选择 [J]. 教育发展研究, 2003 (9): 39-44.

[91] 赵旻. 论中国经济转轨发展的四个阶段 [J]. 经济学动态, 2003 (3): 23-26.

[92] 赵文平, 徐国华, 吴敏. 学科发展规律与学科建设问题的研究 [J]. 学位与研究生教育, 2004 (5): 23-24.

[93] 周训清. 广东当前产业结构存在的问题及调整对策 [J]. 科技经济导刊, 2016 (91): 165.

(四) 其他中文资料

[1] 东莞理工学院. 东莞理工学院"十三五"专业建设与发展规划 (2016—2020 年) [Z]. 2017-12-05.

[2] 杜弘禹. 广东产业转型升级"拐点"临近, 创新投入仍需补课 [N]. 21 世纪经济报 (广州), 2016-12-20.

[3] 佛山科学技术学院. 佛山科学技术学院"十三五"发展规划 [Z]. 2016-11-15.

[4] 广东: 高水平理工科大学建设范围可扩大 [EB/OL]. (2017-05-04) [2021-04-24]. http://news.ycwb.com/2017-05/04/content_24767602.htm.

[5] 广东工业大学. 广东工业大学高水平大学建设总体规划 (2015—2020 年) [Z]. 2015-06-01.

[6] 广东经济发展演变轨迹. [EB/OL]. (2006-12-14) [2020-

12-23]. http://www.gdstats.gov.cn/tjzl/tjfx/200612/t20061214_43565.html.

[7] 广东科技报. 华南理工一流大学建设实现新跨越. [EB/OL]. (2016-8-19) [2020-11-23] http://news.scut.edu.cn/s/22/t/3/77/7e/info30590.htm

[8] 广东省教育厅. 2016年广东省高校毕业生就业质量报告 [Z]. 2017-01-03.

[9] 广东省人民政府办公厅. 印发《珠江三角洲产业布局一体化规划（2009—2020年）》通知 [EB/OL]. (2010-07-30) [2020-03-28]. http://zwgk.gd.gov.cn/006939748/201008/t20100810_12102.html.

[10] 广东省人民政府. 关于印发《广东省国民经济和社会发展第十三个五年规划纲要》的通知 [EB/OL]. (2016-05-09) [2020-03-28]. http://zwgk.gd.gov.cn/006939748/201605/t20160509_654321.html.

[11] 广东省人民政府. 广东省智能制造发展规划（2015—2025年）[Z]. 2015-07-29.

[12] 广东省人民政府. 珠江三角洲产业布局一体化规划（2009—2020年）[Z]. 2010-07-30.

[13] 华南理工大学大力创新人才培养模式 [EB/OL]. (2016-8-22) [2020-11-23]. http://news.scut.edu.cn/s/22/t/3/77/5a/info30554.htm.

[14] 华南理工大学. 华南理工大学改革与发展"十三五"规划（2016—2020年）[Z]. 2016-06-01.

[15] 教育部推介高水平大学建设"广东经验" [EB/OL]. (2016-03-02) [2021-01-13]. http://gd.pepople.com.cn/n2/2016/0302/c123932-27844241.html.

[16] 教育部网站. 华南理工大学大力创新人才培养模式. [EB/OL]. (2016-8-22) [2020-12-23]. http://news.scut.

edu. cn/s/22/t/3/77/5a/info30554. htm.

［17］南方科技大学. 南方科技大学建设高水平理工科大学建设方案（2016—2020 年）［Z］. 2016 - 05 - 01.

［18］唐景莉. 学科交叉 特色突破：著名大学校长纵论创建世界一流大学思路对策［N］. 中国教育报，2001 - 03 - 15.

［19］吴春燕，王忠耀. 让改革创新成为大学发展的时代基因［N］. 光明日报，2017 - 09 - 11.

［20］中华人民共和国教育部.《本科专业目录》修订成果分析［EB/OL］.（2010 - 10 - 29）［2020 - 03 - 28］. http://www. moe. gov. cn/jyb_ xwfb/s5147/201210/t20121029_ 143752. html.

［21］中山大学和华南工学院今年暑期分别进行部分院系专业调整［N］. 人民中大，1953 - 02 - 11.

（五）外文类参考文献

［11］About MIT Sloan［EB/OL］.（2017 - 02 - 20）［2020 - 03 - 24］. http：//mitsloan. mit. edu/about/background. php.

［2］Albert. Commercial knowledge transfers from universities to fins：improving the effectiveness of university-industry collaboration［J］. Journal of High Technology Management Research，2003.

［3］Armytage W H G. Civic universities：aspects of a British tradition［M］. London：Ernest Benn Limited，1955.

［4］Bak O, Jorda C. Linking industry and higher education：assessing the skills requirements［J］. Focus January，2017：55 - 56.

［5］Bertalanffy V. General system theory［J］. General Systems，1956（1）：1 - 10.

［6］Chaffey J, Isaacs H. Estimating the impacts of a college or university on the local economy［M］. Washington D. C.：American Council On Education，1971.

［7］Daniel H. Drive：The surprising truth about what motivates us

[M]. New York: Locus Publishing Company, 2009.

[8] Eisenhardt K M. Building theories from cases study research [J]. The Academy Management Review, 1989: 14 (4): 532 – 550.

[9] Eric A. Technology and the academics: an essay on universities and the scientific revolution [M]. London: Macmillan, 1958: 9.

[10] Gyimah-Brempong K, Oliver P. Higher education and economic growth in Africa [J]. Journal of Development Studies, 2006 (42): 509 – 529.

[11] Humo E, Popovic M. The new engineering disciplines and the adaptiveness and flexibility of university education [J]. Higher Education in Europe, 1987 (3): 49 – 53.

[12] Josiah Z. Higher education as an instrument of economic growth in Kenya [R]. Forum for International Research in Education, 2014 (1): 7 – 25.

[13] Karl T. The inaugural address [R]. Massachusetts Institute of Technology, 1930 (6).

[14] Karri A, Harris S. The 400-pound gorilla: the role of the research university city development [J]. Innovative Higher Education, 2017 (8).

[15] Lin T. Education, technical progress, and economic growth: the case of Taiwan [J]. Economics of Education Review, 2003 (4): 213 – 220.

[16] Lin T. The role of higher education in economic development: an empirical study of Taiwan case [J]. Journal of Asian Economics, 2004 (15): 355 – 371. [17] Martin T. The expansion and transformation of higher education [J]. International Review of Education, 1972 (1): 61 – 63.

[18] Nisbet J, Watt J. Case study [M]. Aberdeen: University of

Aberdeen, 1978 (5).

[19] Page E C. Political authority and bureaucratic power [M]. London: Harvest Wheatsheaf, 1992: 61.

[20] Taha T, Sabah A. University interaction with national development plans: a case study from IRAQ [J]. Higher Education, 1981 (10): 663 - 673.

[21] The Boyer Commission on Educating Undergraduates in the Research University. Reinventing undergraduate education: a blueprint for America's research universities [R]. State University of New York at Stony Brook for the Carnegie Foundation for the Adv., 1998.

[22] Wesley M, Richard R, John P. Links and impacts: the influence of public research on industrial R&D [J]. Management Science, 2002 (1): 1 - 23.

[23] Yin, Robert K. Case study research: design and methods [M]. London: Sage Publication Inc., 1994.

后　　记

转眼之间，已经工作三年有余。但每每忆起在华南师范大学求学的岁月，心中仍是感慨万分。毕业至今，自身的每一次成长与发展，工作上的每一次突破与进步，无一不源自攻读博士研究生学位期间的积淀与导师们的教诲，此间的种种经历，成为我心中永远存在和刻骨铭心的记忆。时至今日，我依然清晰地记得刚读博时的新奇、迷茫，准备课业和科研时的焦虑、繁忙，论文开题前的抑郁、绝望，生病做手术时的无助、悲伤，论文撰写不顺时的灰心、沮丧，寻找工作时的疲惫、忧伤。也许，正是因为经历过博士学习期间的种种艰辛，现在再遇到各种困难与挫折时，我才能更加平静、淡然、成熟与坚强，心中感慨最多的也只是幸运和感恩。

我一直认为自己是幸运的，一出生就遇到了爱我、宠我的父母。虽然他们只是普通的农民，上要赡养老人，下要抚养三个孩子，却毫无怨言，倾尽全力给我最好的生活。他们文化程度有限，却通过言传身教，教给我终身受益的诚实、善良和感恩。正是带着父母给予我的诚实、善良和感恩，我才被幸运女神眷顾，一路走到今天。很多时候，我会想如果没有遇到自己的父母，我的人生会是什么样，会不会像现在这般一帆风顺，会不会像现在这般幸福美满。幸运的是，我恰好遇到了我的父母，是他们给了我一个虽不富有却简单、幸福的家，是他们给予了我全部的爱和温暖，让我成为一个幸福的人。因此，在我人生中第一本专著即将面世之际，我最想感谢的是我的家人：谢谢奶奶为我撑起的那把"保护伞"，让我度过无忧无虑的童年时光；谢谢父母一直以来对我的偏爱与宠溺，让我可以任性地做自己想做的事情；谢谢哥哥、姐姐，虽然时常抱怨父母偏心我，却总默默地爱护我，让我感受到最真实、最温暖的亲情。谢谢家人的支持与默默付出，成全了我的读书梦。家人的这份恩情，我会铭记于心，在以后的日子里，将尽自己最大的能力去报答他们。

除了家人之外，首先，我最想感谢我的博士研究生导师卢晓中教授，谢谢他对我的培养和指导，不仅授我以文、提供大量参与课题研究的机会，更是教会我做人做事的道理，使我在不断锻炼自身能力、提高自身综合素质的同时，有机会逐渐达到以我平庸之资可以触及的顶点。在今后的人生道路上，我会谨记恩师的教诲，学习他严谨求实的治学态度、精益求精的工作作风、宽容豁达的处事风格，认真研究，努力进取，用心生活，踏踏实实地走好自己人生的每一步。

其次，感谢我的硕士研究生导师卢勃老师，谢谢他一直以来对我学习和生活上的关心和帮助，见证了我求学和工作后的每一次成长与进步。感谢华南师范大学高等教育研究所的各位老师！感谢我的同门、同学及朋友，他们对我学习和工作上的关心与帮助，我已铭记于心，在此一并致谢。感谢书中参考文献所及作者！感谢中山大学出版社的嵇春霞副总编辑与井思源编辑，以及在本书出版过程中给予无私帮助的各位领导和编校人员。

最后，感谢我的先生和儿子。本书能够顺利出版，离不开他们背后的支持与鼓励。

在今后的人生旅途上，我会不断反省自己、完善自我，铭记这些刻骨铭心的亲情、友情、师生情、同学情，带着大家给予的关爱和力量继续前行。

杜燕锋

2021 年 9 月 8 日